대박 친 빌딩 투자의 비밀
— 매매 사례를 중심으로 —

매매 사례를
중심으로 살펴보는

대박 친 빌딩 투자의 비밀

이웅렬 지음

매일경제신문사

PROLOGUE

　한국의 고액자산가 10명 중 7명 이상은 부동산 투자 대상으로 '상가빌딩'을 선호한다고 한다. 국민은행은 30억 원에서 300억 원까지 부동산에 투자할 의향이 있는 자산가 120명을 대상으로 설문 조사한 결과 전체의 74%가 상가빌딩을 투자 대상 1순위로 선정했고, 그 외에 특별히 선호하는 부동산은 없었다고 발표했다.

　노령화와 대체 투자 열정이 심화되고 있는 요즈음 부동산 투자를 지배하는 화두는 상가빌딩이다. 이런 상가빌딩의 인기가 높아진 덕분에 최근 2~3년 사이 300억 원 이하의 중소형 빌딩에 대한 매수세(買收勢)가 매도세(賣渡勢)를 능가하고 있어, 일부 지역에서는 빌딩 매물 품귀 현상까지 나타나고 있다.

이러한 매수세 쏠림 현상으로 매물로 나와 있는 빌딩 가격이 급격히 오르면서 상가빌딩의 투자 수익률은 매년 하락하고 있으나, 마땅한 다른 투자처를 찾기가 쉽지 않아 수요자들은 여전히 중소형 빌딩 투자에 관심이 높다고 할 것이다.

'상가빌딩'에 투자할 때 고려해야 할 최우선조건 및 투자자 성향

상가빌딩에 투자할 때 고려해야 할 최우선 조건에 대해 많은 전문가는 첫째도 입지, 둘째도 입지, 셋째도 입지라고 하고 있다. 이는 입지가 상가빌딩 투자의 부속 요건인 환금성(換金性)과 공실률, 나아가 매매차익을 지배하고 있다고 보는 데에 기초한다.

이런 입지 조건을 기본으로 상가빌딩 투자자들의 성향을 분류해보면 다음과 같다.

첫째는 대지 및 연면적의 크기에 따라 투자자 성향이 나뉘고 있는데, 대개 연륜이 있는 투자자인 경우, 대지면적과 연면적이 큰 것을 선호하는 경향을 보이고, 반면에 대지면적과 연면적은 작다 하더라도 지역 중심상권을 최상의 투자 포인트로 생각하는 투자자가 있으며,

둘째는 대로변 빌딩만을 선호하는 투자자와 상권이 밀집된 공실 없는 이면도로 빌딩을 선호하는 투자자,

셋째는 대학가 주변 빌딩과 대형 재건축 아파트 근접 근생 빌딩을 선호하는 투자자,

넷째는 무조건 강남 지역 빌딩만을 고집하는 투자자와 지역 상관없

이 고수익률의 빌딩만을 원하는 투자자,

다섯째는 반드시 전철 역세권 빌딩이어야 한다는 투자자 등이 있다.

'상가빌딩' 가격을 산정하는 방법

상가빌딩 가격을 산정하는 방법은 다음과 같다.
첫째는 토지가격과 건물가격(감가상각 후)을 각각 계산해 합산하는 방법,
둘째는 토지가격(노후, 소형 건물)만 가지고 산정하는 방법,
셋째는 연면적(일반적으로 3,000평 이상)만 가지고 산정하는 방법,
넷째는 매매 사례로 산정하는 방법 등이 있다.
이 산정 방법의 기저에는 소형 빌딩은 토지 가치 비중을 높게 평가하고, 대형 빌딩은 건물 가치에 중점을 두고 평가하고 있다고 볼 수 있다.

'상가빌딩'을 구입하기 전 체크해야 할 중요 포인트

상가빌딩을 구입하기 전에 체크해야 할 중요 포인트를 살펴보자.
첫째는 소유권에 관계된 권리 관계를 잘 검토해 하자가 없도록 해야 하며,
둘째는 매입 계약 후 잔금까지 기간에 권리 변동 여부가 없는지 주의 깊게 살피고, 의구심이 날 때는 '소유권이전청구권가등기'를 해 만일의 리스크에 대비해야 한다.
셋째는 매도 빌딩 소유자 본인 확인을 개업 공인중개사에게만 맡기

지 말고 매수자가 직접 철저히 체크해야 한다. 특히 소유자가 법인인 경우는 매도회사 정관을 잘 검토해 매도회사 이사회 및 주주총회 의사록을 반드시 요구해야 한다.

넷째는 전문가와 함께 매입 전 빌딩의 사전 실사를 반드시 해 누수 등 하자 여부를 체크해야 하며,

다섯째는 매입 빌딩 임대차 현황을 철저히 검토해 매도인과 결탁한 임차인이 없는지, 매도인과 이해관계가 있는 가장(假裝) 임차인은 없는지 등을 체크한다.

'상가빌딩' 투자 시 투자자들이 선호하는 지역

상가빌딩 투자 시 투자자들이 선호하는 지역의 조사 결과를 보면, 50% 이상이 강남 지역이었으며, 강북 지역이 30% 정도, 나머지는 경기권과 일부 지방이었다.

이 중에서 가장 선호도가 높은 강남 지역을 전철 역세권을 기준으로 세분화해보면, 투자자들의 최고 중심 투자 지역은 강남역이었다. 이를 기준으로 동쪽으로는 테헤란로를 따라 환승역인 선릉역 주변과 현대자동차그룹 통합신사옥인 글로벌비즈니스센터(GBC)가 건설되는 삼성역 주변을 주요 투자 타깃으로 하고 있으며, 서쪽으로는 로스쿨 출신 변호사들의 대량 공급으로 법률사무실 및 근린생활시설의 수요 초과 현상이 일어나고 있는 교대역 주변이었다.

강남역 북쪽으로는 인천공항과 김포공항이 연계되는 9호선 신논현역

주변과 가로수길 등 거대 상권이 형성된 신사역 주변이 꾸준하게 수요가 늘고 있다. 신논현역과 신사역은 신분당선 연장 선상에도 위치해있는 미래의 환승역이며, 향후 가치 상승 전망도 아주 좋은 편이다.

기타 투자자들이 좋아하는 지역으로는 요즘 한창 떠오르는 도산대로변 주변과 도산공원 주변, 상류층 주거지역 중 하나인 압구정역 현대백화점 인근 지역, 롯데백화점이 있는 한티역 주변이라고 할 수 있다.

삼성역 주변을 특히 많은 투자자가 선호

그중에서도 삼성역 주변을 특히 많은 투자자가 선호하고 있다. 이 같은 현상은 삼성역과 봉운사역 사이 영동대로 밑에 잠실야구장 30배 넓이의 지하도시를 2023년까지 건설할 예정이며, 이로 인해 삼성역은 기존 2호선 전철 외에 6개의 철도 노선이 추가로 계획돼있기 때문이다.

이 계획이 실행되면 삼성역은 기존 코엑스 상권 이용 인구와 현대차 GBC 상주인구, 도심공항터미널 이용 인구, 90개 이상의 시내 및 광역버스 노선 이용 인구 등과 새롭게 신설되는 MICE(기업회의, 포상관광, 컨벤션, 전시회) 산업이 융합돼 모든 연령대가 이용하는 복합 인프라스트럭처(Infrastructure, 사회적 생산기반)를 갖추게 되고, 하루 이용객이 60만 명이 넘는 한국의 '라데팡스(La Défense)'가 됨으로써 명실공히 사통팔달(四通八達) 서울의 중심축으로, 명동과 강남역을 넘어서는 넘버원 상권이 될 것으로 예상한다.

그 외 핫플레이스(Hot Place)

그 외 핫플레이스로는 홍대입구역이 있다. 홍대입구역은 공항철도와 연계돼 외국인 관광객의 접근이 용이하고, 유동인구가 많아서 복합 쇼핑몰들이 계속 오픈되고 있으며, 오피스 빌딩(Office Building)들은 리테일 빌딩(Retail Building)들로 전환되고 있다. 리테일 빌딩으로 전환하면 임대료가 최고 30%까지 오를 수 있어 상권이 있는 지역의 빌딩 소유주들은 오피스 빌딩을 리테일 빌딩으로 전환하는 것이 일반화돼있고, 급격히 변화하는 지역이기에 젠트리피케이션(Gentrification, 기존 상권 활성화로 인한 임대료 인상으로 세입자가 내몰리는 현상)이 일어나고 있는 지역이기도 하다. 이런 리테일 상권의 중심인 범(汎) 홍대 상권이 무한 팽창하면서 합정역까지 뻗어 나가고 있어, 이를 '홍합 라인'이라고 표현하기도 한다.

성수동 지역도 새롭게 투자자들이 몰리고 있다. 원래 오래된 낡은 소규모 공장들이 밀집한 지역이었으나 다리 하나만 건너면 강남권과 연결되고, 4대문 내 도심권과도 가까운 지리적 위치 때문에 시세차익과 임대수익을 노린 자산가들과 일부 연예인들이 부동산을 매입하면서 '강북의 가로수 길'로 탈바꿈하고 있다.

용산 지역도 고속철도(KTX), 지하철 4호선, 수도권 광역급행철도(GTX)의 통합역사가 있는 지역으로서 대단위 개발이 진행 중이고, 특히 용산역 개발의 중심축인 한국철도공사(KORAIL) 철도정비창 부지(44만 2,000m²) 개발 계획에 많은 관심이 쏠리고 있다.

여의도는 미국의 맨해튼과 같은 수변 도시로 재개발이 계획 중에 있고, 장안평역 주변 145만㎡(43만 8,625평)는 자동차 산업 중심의 도시재생 전략계획 개발이 진행 중이다.

이 책에서 기술한 빌딩 투자 사례의 분석 방법

이 책에서 기술한 빌딩 투자 사례의 분석 방법으로는 기관 투자가들과 외국계 투자자들이 부동산 투자 시 목표 수익률 등에 따라 분류하는 코어(Core) 투자, 코어플러스(Core+) 투자, 밸류애디드(Value-added) 투자, 오퍼튜니스틱(Opportunistic) 투자 방법을 사용했고, 이외 K전력공사와의 공동빌딩 투자 사례, 주차장 용도의 부지에 건설되는 빌딩 투자 사례, NPL(Non Performing Loan, 부실채권) 매입을 통한 빌딩 취득 사례, 법인 인수를 통한 빌딩 투자 방법 등 특별한 목적성이 결부된 다양한 빌딩 투자 유형을 다뤄봤다.

또한 여러 건의 빌딩 투자 실패 사례를 분석해 투자자들에게 교훈이 될 수 있게 했으며, 특히 '전문직의 꽃'이라는 개업 의사들의 투자 실패 사례 등을 통해 올바른 빌딩 투자의 방향을 제시해보려 했다.

끝으로 상가빌딩을 매입하려는 투자자들이 이 책에 기술된 38건의 빌딩 투자 사례를 참고한다면,

첫째는 어떤 종류의 상가빌딩에 투자할 것인가를 쉽게 취사선택할 수 있으며,

둘째는 투자자가 자신만의 확고한 투자 조건을 정하는 기준을 확보

함으로써 향후 발생할지도 모르는 매입 리스크를 줄임과 동시에 최적의 상가빌딩을 취득할 수 있으며,

셋째는 상가빌딩 매입 후 어떻게 가치를 상승시켜야 하는지에 대한 방법을 찾을 수 있고,

넷째는 상가빌딩 매각 시 매각가격 산정 방법과 좋은 가격을 받기 위한 노하우를 얻을 수 있을 것이다.

아울러 개업 공인중개사들에게는 생생히 살아있는 빌딩 컨설팅을 할 수 있는 기초 자료가 될 것이라 확신한다.

CONTENTS

Prologue • 004

부동산 투자 유형에 따른 분류

Chapter 01 기회 추구 형태의 투자(오퍼튜니스틱, Opportunistic)

01. 트로피 에셋(Trophy Asset) 빌딩 • 020
    * 국토의 계획 및 이용에 관한 법률 제84조 • 028
02. 작은 고추가 맵다 • 029
03. 집 장사꾼 J여사의 두 번째 성공 • 036
04. 쪼가리 땅에 빌딩 짓는 아이디어 • 043
    * 부동산 가격 상승을 위한 '물타기' • 051
    * 제소전 화해조서(提訴前 和解調書) • 052
05. 용적률 혜택을 받는 부지를 선택하라 • 053
06. 입지와 외관 디자인으로 승부하라 • 059
07. 싼 부지 매입은 제1의 성공원칙 • 067
    * 사업(부동산) 포괄 양도 양수 계약 및 포괄 양도 양수 안 되는 경우 • 075
    * 건축법 시행령 제28조(4m 도로 접, 연면적 2,000m² 미만 건축) • 075

08. NPL 매입으로 최고의 행운 잡기 (1) • 078
   * NPL과 부동산 인도명령 • 085
09. NPL 매입으로 최고의 행운 잡기 (2) • 086
10. 주차장용지를 대박 빌딩으로 (1) • 092
11. 주차장용지를 대박 빌딩으로 (2) • 098

Chapter 02 가치 증대 형태의 투자(밸류애디드, Value-added)

01. 앵커테넌트(Anchor Tenant) 빌딩 • 106
02. 의사 부부의 재산 증식 넘버원, 투자 • 113
03. 흙 속의 진주가 보였다 • 120
04. 공동 투자로 즐거움 흠뻑 • 127
05. 송골매 같은 투자 혜안 • 135
06. 치열한 경쟁 끝에 얻은 행복 • 143

Chapter 03 코어(Core) 형태의 투자

01. 강남의 블루칩 빌딩 • 150

Chapter 04 코어플러스(Core+) 형태의 투자

01. 찰나의 순간에 파악한 보물 • 158
02. 가시성이 마음을 훔쳤다 • 164
   * 위반건축물 • 172
03. 레버리지(Leverage) 효과를 최상으로 이용하라 • 173
04. 기업 구조조정의 세일 앤 리스백(Sale & Lease Back) • 180

다양한 형태의 빌딩 투자

Chapter 01 K전력공사와 공유하는 빌딩
      01. IMF 사태가 가져다준 행운 • 190
      02. 정보 선점이 가져온 대박 • 197

Chapter 02 법인 주식인수 방식을 통한 빌딩 취득
      01. 법인 소유 빌딩 최저가격 취득 방법 • 204
        * 법인 주식인수 방식을 통한 빌딩 취득 시 '우발 채무' 처리
          참고 사항 • 210
        * 간주 취득세 • 210
        * 법인 양도·양수 계약서(양식) • 212
        * 주식 양도 계약서(양식) • 219
        * 매매 사실 확인서(양식) • 220
        * 확약서(우발 채무 책임)(양식) • 221

Chapter 03 사용 목적에 따른 빌딩 매입
      01. 약국을 운영할 최고의 입지 빌딩을 찾아라 • 224
      02. 파산재단 빌딩을 요양병원으로 • 229

Chapter 04 법원 회생절차를 통한 빌딩 매각
      01. 파산 직전 소유 빌딩 매각 방법(계약금은 1억 원?) • 236
        * 법원을 통한 개인회생절차 • 242

section 03
빌딩 투자 실패 사례

01. 정형외과 의사의 무지(無知)의 참상 • 246
02. 치과 의사의 과욕이 가져온 깡통 • 252
03. 무리한 호텔 투자자의 패가망신 • 258
04. 싱글테넌트(Single Tenant)의 함정 • 265
05. 유흥주점 빌딩 투자의 허상 • 272
   * 사치성 재산의 중과세 • 280
06. 냉철함을 요구하는 교환거래 • 281
   * 풍수지리와 빌딩 1 • 288
   * 풍수지리와 빌딩 2 • 289
07. 우유부단(優柔不斷)이 가져온 교환거래 실패 • 291
   * 소유권이전청구권가등기와 담보가등기 • 300
08. 환금성을 간과한 아마추어 투자자 • 302
09. 이해관계 임차인 분석 실패의 대가 • 308
10. 독불장군형 경영자의 소탐대실(小貪大失) • 314

※ **Day One**(데이 원) **빌딩**
아마존 창업자이며 최고 경영자인 '제프베져스'가 근무하는 빌딩.
"초심(初心)을 잃지 않고 사업하자!"는 의미에서 Day One(첫날)이란 이름을 붙였다.

부동산 투자 유형에 따른 분류

부동산 투자는 목표 수익률에 따라 다음과 같이 구분한다.

1. **코어**(Core)

    투자 전략상 리스크의 최소화를 추구하는 저수익의 투자다. 최고 입지의 앵커테넌트(Anchor Tenant, 우량임차인)가 입점한 특급 빌딩에 투자한다.

2. **코어플러스**(Core+)

    투자 전략상 중간 정도의 리스크를 추구하는 중수익의 투자다. 최고의 입지에 투자하면서도 약간의 리모델링을 허용하며, 코어와 밸류애디드를 혼합한 투자 전략이다.

3. **밸류애디드**(Value-added)

    투자 전략상 중간 및 고리스크를 추구하는 중·고수익의 투자다. 리노베이션(Renovation)이 필요한 부동산에 투자하며, 가치를 높이기 위해 대수선 및 임차인 변경을 한다. 레버리지(Leverage)를 50% 이상 활용하며, 기대수익률은 10% 이상이다.

4. **오퍼튜니스틱**(Opportunistic)

    투자 전략상 고리스크를 추구하는 고수익의 투자다. 개발 사업 및 부실 자산 등에 투자한다. 레버리지(Leverage)를 60% 이상 활용하며, 기대수익률은 15% 이상이다.

CHAPTER 01

기회 추구 형태의 투자
(오퍼튜니스틱, Opportunistic)

"바람을 잘 만나면 돼지도 하늘을 날 수 있다"

_중국 속담

트로피 에셋(Trophy Asset) 빌딩

구 분	내 용		
명	트로피 에셋(Trophy Asset) 빌딩		
대지위치	서울시 강남구		
대지면적	498m² (150.65평)		
지역/지구	일반상업지역, 제3종 일반주거지역		
건물구조	철골철근콘크리트구조		
건물규모	지하 7층~지상 17층		
건축면적	295.46m² (89.38평)	연면적	6,866.16m² (2,077.01평)
건폐율	59.33%	보증금	20억 원
용적률	794.40%	월 세	1억 7,500만 원
냉난방	개별	관리비	자체
승강기	2대	주 차	총 46대
공시지가	77억 6,880만 원	도 로	70×30m 대로변 코너
특 징	전철역 출구 접 / 신축 빌딩		
준공일	2013. 02. 01.	매각가격	400억 원

트로피 에셋의 신축 부지를 찾아라

　K사장은 48세로 경기도 산골 마을에서 다섯 형제 중 넷째로 태어나 많은 어려움을 딛고 성공한 빌딩 디벨로퍼(Developer)다. 형제 중 사형제가 건설 사업을 하고 있는 관계로, 형들의 영향을 받아 분양 사업과 건설 사업을 통해 많은 자산을 축적했다. 현재는 도심, 특히 강남 지역에서 입지 좋은 빌딩 신축 부지를 구입해 빌딩을 건축하고, 임대를 해 안정적인 임대료 수입을 얻다가 적절한 시점에 매각해 투자 수익을 취하는 형태의 사업을 주로 하고 있다.

　K사장은 2009년 8월 강남 지역 역세권 대로변 일반상업지역 400m²(121평)를 매입해 1년에 걸쳐 연면적 4,476.49m²(1,354.14평, 지하 4층~지상 15층)의 빌딩으로 건축하고, 외국계 유명 햄버거 프랜차이즈 등 우량임차인을 유치해 임대보증금 15억 원, 월세 1억 3,000만 원의 특급 빌딩을 만들어 소유하고 있다. 이 빌딩은 K사장이 처음으로 성공한 빌딩 개발 사업이었다.

　이 사업 성공으로 이전에는 받아보지 못한 상당한 금액의 고정적인 월세가 들어왔고, 이에 너무나 만족스러웠던 K사장은 이와 같은 빌딩 개발 사업을 계속하기 위해 새로운 빌딩 신축 사업지를 찾아다녔다. 건설 및 부동산 개발 사업을 오래 한 K사장은 사업부지를 찾으러 다니면서도 부동산 개발 사업에서 순식간에 발생하는 리스크를 항상 염두에 두고 있었고, 이런 점에서 2차 사업지를 선택하는 데도 신중에 신중을 기하면서 자신이 정한 사업지 선택의 세 가지 조건을 중요시했다.

　이 세 가지 선택 조건을 살펴보면, 첫째는 기업은 자금의 흐름을 최우선시해야 하기에 환금성(換金性)이 좋은 강남 지역에 빌딩을 건축할 수 있어야 한다. 둘째는 임대가 신속하게 이뤄져야 하기에 전철역에서 50m 이내에 있어야 한다. 셋째는 '용적률이 돈'이라 생각하니 용적률을 많이 받고 고층 건축이 가능한 상업지역이어야 한다.

이런 조건에 맞는 빌딩 신축 부지를 찾기 위해서 평소 친분이 있는 강남 지역 개업 공인중개사들에게 소개를 요청했고, 빌딩 신축 부지 매물 광고가 많이 게재되는 M경제신문도 구독하며 철저히 검토했다.

이와 같은 과정으로 6개월간 노력하던 K사장은 2011년 8월 평소 알고 지내던 강남 지역 개업 부동산 중개법인으로부터 강남 지역 전철역에 접한 빌딩 신축 부지를 소개받았다.

장단점 분석 후 성공적인 매입

소개받은 빌딩 신축 부지는 면적이 498m^2(150.65평)이었으며 3.3m^2당 1억 5,000만 원으로 총 매매가격이 225억 원이었다.

장점을 살펴보면, 첫째는 가시성이 좋은 대로변 70×30m 코너 입지였다. 둘째는 일반상업지역과 제3종 일반주거지역이 혼재한 노선상업지역이었지만 일반상업지역 용적률을 적용받은 지역이었다. 셋째는 매도자가 매도 시 좋은 가격을 받으려고, 용적률 800%(지하 3층~지상 15층, 연면적 1,600평)로 인허가를 완료해 놓았었다. 넷째는 전철역 출구와 접해있었다. 다섯째는 빌딩 매입자들의 선호도가 높은 강남의 유명한 역이었다.

단점은, 첫째는 전철 입구에 위치하고 있지만 배후지가 약해서 아직 상권이 형성되지 않은 지역이었다. 둘째는 부지가 고층 빌딩 짓기에 작아서 고층으로 건축했을 때 1개 층의 바닥 넓이가 전체 연면적 대비 일반적인 기준(보통 330m²)보다 작았다. 셋째는 부지면적이 작아서 주차장을 자주식(自走式)이 아닌 지하층을 많이 파는 기계식으로만 해야 했고, 이런 이유로 지하층 공사비가 많이 들어갔다. 넷째는 인허가를 받았다 해도 매도가격이 시세 대비 비쌌다.

K사장은 이 신축 부지가 단점은 있었지만, 장점이 많아 마음에 들었고 또한 본인이 매입 조건으로 정했던 여러 가지 요건이 이 부지와 너무나 잘 맞아서 가격만 원하는 수준으로 네고된다면 매입하겠다고 생각하고, 적극적으로 가격 네고에 매달렸다.

3개월 동안 단점을 물고 늘어지는 끈질긴 협상 끝에 3.3m²당 3,000만 원을 네고해서 2011년 12월 15일 3.3m²당 1억 2,000만 원인 181억 원에 매입했다.

K사장은 강남 지역 본인이 소유한 빌딩에서 많은 월세가 나오고 있어서 은행에서 차입 시 대출이자를 내는 데는 지장이 없었다. 따라서 신축 부지 매입 시 금융 레버리지(Leverage)를 많이 활용하기로 결정하고, 매입 잔금 처리 시 매입가격의 약 75%인 135억 원의 은행 대출을 사용했다. 이로 인해 부지 매입 순 투자액은 46억 원이었고, 여기에 취득세 및 중개수수료 등을 포함해서 현금 총 56억 원을 투자했다.

매력적인 빌딩을 만들기 위한 사고의 전환

매도자는 '국토의 계획 및 이용에 관한 법률 제84조'가 개정되기 전에 용적률 800%로 빌딩 인허가를 받았으나, 이 인허가 세부 조건은 누구나 관심을 갖는 매력적인 빌딩이 되기에는 다소 부족한 점이 있었다.

매도자가 건축 인허가를 받은 연면적 5,263m²(1,595평, 지하 3층~지상 15층)는 트로피 에셋(도심의 상징적인 빌딩)이 되기에 부족하다고 생각한 K사장은 연면적도 매입 예정자들이 좋아하는 크기인 6,866.16m²(2,077.01평)로 넓혔다. 지상층은 주변 대비 최고의 한강 조망권 확보를 위해 2개 층을 높여서 지상 17층으로 변경했으며, 지하층도 보다 넉넉한 주차 공간 확보를 위해 4개 층을 추가해서 지하 7층으로 했다.

이렇게 변경하니 이 빌딩은 주변 빌딩 중 가장 높은 빌딩이 됐으며, 한강 조망도 보다 명확해졌다. 지하는 주차면적이 늘어나 사옥을 매입하려는 기업들의 선호도가 높아졌고, 연면적도 매입자들이 좋아하는 2,000평 이상이 됨으로써 강남 지역에서도 수준급 빌딩으로 재탄생됐다.

K사장은 착공 후 1년 6개월 만인 2013년 1월 17일 준공했다.

매각가격 산정과 현실적 선택

K사장은 빌딩을 신축하기 전부터 입지가 전철역 출구에 접해있어, 지상 1층을 비롯해 낮은 층에는 근생시설을 넣고 위층에는 클리닉과 사무실 등을 입점시킬 계획을 잡았다. 또한 금융 레버리지를 많이 활용한 관계로 혹시 있을지 모를 리스크를 헤지(Hedge)하기 위해 지하 공사가 완료되고 지상 공사가 시작될 시기부터 임차인 선정과 사옥을 찾는 기업에 매각을 추진했다.

매각가격은 강남 지역 신축 빌딩이며 전철역에 붙어있어서 연면적당 2,200만 원으로 계산해 457억 원은 받아야 한다고 생각했으나, 상권이 활성화된 위치가 아니어서 대지가격과 건축가격을 합해서 415억 원으로 결정했다.

그러나 수익용 빌딩으로 매각하려면 임대가 완성돼있어야 하는데, 아직 준공이 안 된 상태이니 수익용 빌딩으로 매각하는 것은 시간이 필요하다고 생각했고, 준공 전이나 임대가 완성되기 전에 매각하려면 법인의 사옥용 빌딩으로 매각해야 맞는다고 여기고 사옥용 빌딩을 찾는 법인을 소개해달라고 개업 공인중개사들에 요청했다.

몇 개월 후 국내 유명 C커피 회사가 사옥으로 매입할 테니 가격을 많이 네고해달라고 접근했고, 한편으로는 국내 유명 자동차 회사가 준공되면 지상 1, 2층을 고액의 임차료로 장기 임차하겠다고 제안했다.

K사장은 공사 인력 및 장비를 보유한 건설업체를 운영하는 관계로, 빨리 매각한 후 다른 사업지를 찾아 새롭게 빌딩을 신축하는 것을 선호해 준공 전 매각을 검토했다. 더구나 은행 대출이자로도 상당한 금액이 매월 지출돼 부담을 많이 가지고 있었다.

K사장은 준공 후 임대를 맞추면 본인이 원하는 가격을 받을 수 있겠지만 임대가 완성되기까지 상당한 시일이 소요될 거라 예상돼 차라리 그 기간에 새로운 사업지를 선택해서 또 다른 사업을 진행하는 편이 낫다고 판단했다. 결과적으로 준공되기 약 2개월 전인 2012년 11월 27일 유명 C커피 회사에 원래 계획한 가격보다 상당히 할인된 340억 원에 매각했다.

K사장의 투자 수익

K사장의 빌딩 신축 총 투자비는 271억 원(부지 매입비 181억 원＋건축비 70억 원＋취득세 4.6%＋중개수수료＋대출이자 등)이었다. 은행 대출 161억 원(부지 매입 시 135억 원＋빌딩 준공 시 26억 원)을 제외하면 순 투자비는 100억 원이 들었으나 건설 자재비 등은 분할 지급해 자금 순환은 어렵지 않았다.

K사장은 100억 원을 순 투자해 약 1년 만에 69억 원의 매각차익(매각가격 340억 원－부지 매입비 181억 원－건축비 70억 원－취득세와 기타비용 20억 원)(세금공제 전)을 얻었다.

투자 성공 포인트

1. **대지 매입가격을 최초 매도자의 제시 가격에서 3.3m²당 3,000만 원을 낮춰 매입했다.**
   - 부동산 개발 사업의 성패를 결정하는 절대적 요소 중 하나는 토지 매입가격이 얼마나 저렴하냐에 있다.
   - 이 건의 빌딩 부지가 안고 있는 단점을 활용해 3.3m²당 3,000만 원을 네고할 수 있는 최상의 협상력을 발휘했다.

2. **디벨로퍼의 기획력으로 매력적인 상품을 만들었다.**
   - 기존 15층 건축 인허가를 주변 빌딩 중 가장 높은 17층으로 변경해 한강 조망권이 뛰어난 차별화된 상품을 만들었다.
   - 기존 인허가된 연면적을 넓혀 매입자들의 선호도가 높은 연면적 6,611m² (2,000평) 이상으로 건축했다.
   - 오피스 임차인들의 임차 조건에서 가장 중요한 요소 중 하나인 풍족한 주차장을 고려해 기존 인허가에 지하 4개 층을 추가해 주차장을 넓혔다.

3. **트로피 에셋을 만들어 매입자들의 선호도가 높았다.**

4. **외부 차입금으로 투자 이익을 극대화하는 레버리지를 최대한 활용해서 투자 수익률을 높였다.**

5. **차입금 많은 기업의 리스크 헤지(Risk Hedge)를 위해 매각가격에 연연하지 않고 빠른 매각을 선택했다.**

> **국토의 계획 및 이용에 관한 법률 제84조**
>
> 하나의 대지가 둘 이상의 용도지역·용도지구 또는 용도구역에 걸치는 경우 그 대지 중 용도지역·용도지구 또는 용도구역에 있는 부분의 규모가 대통령령으로 정하는 규모(660m²) 이하인 토지 부분에 대해서는 그 대지 중 가장 넓은 면적이 속하는 용도지역·용도지구 또는 용도구역에 관한 규정을 적용한다.
>
> 그러나 이 법은 개정돼 2012년 8월 초부터는 전체 대지에서 용도지역별로 차지하는 대지 비율에 따라 용적률을 가중 평균한 값을 적용한다.

작은 고추가 맵다

구 분	내 용		
명	작은 고추가 맵다		
대지위치	서울시 강남구		
대지면적	216.1㎡ (65.37평)		
지역/지구	준주거지역		
건물구조	철근콘크리트구조		
건물규모	지하 1층~지상 7층		
건축면적	113.68㎡ (34.39평)	연면적	884.54㎡ (267.57평)
건폐율	52.6%	보증금	4억 9,000만 원
용적률	351.16%	월세	3,150만 원
냉난방	개별	관리비	330만 원
승강기	1대	주차	총 2대
공시지가	19억 8,812만 원	도로	12×4×4m 3면 코너
특 징	전철역 도보 2분 거리 / 신축 빌딩		
준공일	2012. 11. 01.	매각가격	89억 원

지적도

작지만 최고 상권을 원한다

G건설 주식회사라는 소규모 기업을 10년째 운영하는 L사장은 2011년 지인이 소유하던 6호선 신당역 출구 쪽에 위치한 대지 238m²(72평, 일반상업지역)를 매입해 상가 및 오피스텔을 건축해 분양하려 했다. 그러나 상가 분양이 일부만 됐을 때는 융자받은 대출금을 변제하는 데 상당한 어려움이 따를 것으로 판단했다. 이에 전체를 근생 빌딩으로 건축해 임대를 맞춰서 통매각하는 것으로 계획을 바꿨고, 이 계획을 잘 실행했다.

결과적으로 L사장은 20억 원을 투자해 1년 만에 20억 원의 매각차익을 얻는 값진 성과를 얻었다. 매각 시 대지면적이 작고 강북 지역이라 일부 매입 예정자들은 주저했지만, 공실이 없었고 캡레이트(Cap Rate, 단순수익률)도 강북 지역 평균에 비해서 비교적 높은 6%대를 유지해서 어려움 없이 매각할 수 있었다. 작은 투자로 높은 수익을 올린 L사장은 강북 지역이라고 외면하는 매입 예정자가 상당수 있는 것을 교훈 삼아, 이번에는 강남 지역에서 신축 빌딩을 지어보려고 부지를 열심히 물색했다.

L사장은 본인이 매입할 빌딩 신축 부지의 조건은, 첫째는 강남 지역 상권이 활발한 지역이어야 한다. 둘째는 부지면적은 작아도 1층의 전면이 상가가 나올 수 있는 코너 입지여야 한다. 셋째는 전철 역세권이어야 한다. 넷째는 가격은 50억 원 이하여야 한다는 네 가지였다.

이런 조건의 신축 부지를 찾아 달라고 여러 개업 공인중개사에게 요청하고 다니던 2012년 1월 L사장에게 강남 지역의 빌딩 전문 부동산 중개법인에서 대치동 L백화점 인근 이면도로에 땅 모양이 3면 코너로 돼있는 준주거지역 대지 216.1m²(65.37평)를 대지 3.3m²당 7,000만 원씩 45억 7,600만 원에 소개했다.

그런데 이곳에는 3층 건물이 있었고, 매도자는 3층 건물에 입점한 임차인들의 명도는 본인이 할 수 없으니 매수자가 알아서 하라고 했다.

L사장이 이 부지를 상세히 검토한 결과 대부분이 본인이 매입하려고 정한 부지 조건과 맞았으나, 1층의 편의점과 2층의 음식점을 명도시키는 데 상당한 금액이 들 것으로 생각됐다. 이에 L사장은 매도자에게 매도가격에서 명도비를 감액해줄 것을 조건으로 제시했고, 이를 매도자가 받아들여 2012년 2월 28일 43억 원에 매입했다(융자 16억 원, 자기자금 27억 원).

효용성이 높은 빌딩을 건축하라

L사장은 공교롭게도 신당역에 본인이 신축했던 빌딩 부지면적과 비슷한 부지면적에 빌딩을 신축하게 돼 신당역 빌딩의 건축 과정에서 부족했던 부분인 임차인들의 편의성을 높이고, 월세를 최고로 받기 위한 건축에 주안점을 뒀다.

즉 부지가 3면 코너이고, 역세권에, 주차장 제한구역이어서 주차장을 최소한으로 설치하는 것을 최대한 활용해 임대료가 가장 많이 나오는 1층을 가능한 한 넓게 건축했다.

건축 과정은 순조롭게 진행돼 인허가를 완료한 후 8개월 만인 2012년 11월 1일 건축비 8억 원을 투자해 연면적 884.54m²(267평, 지하 1층~지상 7층)의 빌딩을 준공했다.

우량임차인을 유치하라

L사장은 우량임차인의 유치가 매각 시 20% 이상의 좋은 가격을 받을 수 있는 조건임을 누구보다 잘 알고 있어서, 우량임차인을 유치하는 데 심혈을 기울였다.

먼저 주변의 임차업종을 조사해봤을 때 본인 빌딩의 입지가 L백화점 뒤편의 상권 좋은 이면에 위치하고 주변에 유명 햄버거 매장이 없는 것을 파악하고, 1층 일부와 2층 전체에 외국계 유명 햄버거 프랜차이즈를 입점시켰으며, 1층 일부 코너는 이전부터 쭉 있었던 편의점을 입점시켰다. 위층 중 1개 층은 치과를, 나머지 층은 현금 창출이 뛰어나 임대료 받기가 수월한 대치동 학원가와 연계되는 학원들을 입점시켰다.

외국계 유명 프랜차이즈 및 우량임차인들이 입점함으로써 안정된 임대료와 장기간의 임대차 계약으로 빌딩의 가치가 높아져서, 매입 예정자들의 선호도가 높은 수준급 빌딩이 탄생했다(보증금 5억 원, 월세 3,150만 원, 관리비 330만 원).

매각가격 산정과 매입자 찾기

빌딩이 준공되기 전부터 강남 지역의 빌딩 전문 부동산 중개법인의 직원들은 수시로 L사장에게 연락을 해서 언제 준공되느냐, 얼마에 파실 거냐 등을 계속해서 물었으며 이때마다 L사장은 아직 임대가 안 돼서 매각가격을 정하지 않았다고 답했다.

L사장은 신축 빌딩 1층 일부와 2층을 장기 임대차 계약한 외국계 유명 프랜차이즈 업체가 매장을 오픈한 시점을 빌딩 매각의 타이밍으로 잡았다.

매각가격 산정 방법으로는 캡레이트(Cap Rate, 단순수익률)만 사용했고, 다른 방법은 매각가격이 너무 작게 나와서 사용하지 않았다.

L사장은 강남 지역이니 빌딩 전체 임대 완료를 기준으로 캡레이트 5.4% 수준이면 매각될 수 있다고 판단했다. 따라서 이를 가지고 매각가를 검토해보니 75억 원이 나왔고 이 가격으로 부동산 매매 시장에 내놓았다(캡레이트 5.4%=월세 3,150만 원×12개월/매각가격 75억 원-임대보증금 5억 원).

처음에 매입 예정자들의 반응은 차가웠다. 캡레이트로 검토했을 때는 강남 지역 신축 빌딩으로서 매각가격이 타당성이 있어 보였지만, 토지가격과 건물가격으로 구분해서 평가했을 때는 너무 비싸 보였다. 즉 대지가격을 3.3m²당 1억 원으로 평가하고, 건물가격은 3.3m²당 400만 원으로 평가해줘야 나오는 가격이다(매각가격 75억 원=대지가격 3.3m²당 1억 원으로 합 65억 원+건물가격 3.3m²당 400만 원으로 합 10억 원).

그러나 빌딩 입지가 대치동 최고 상권인 유명 L백화점이고, 전철 역세권에 위치하며, 우량임차인이 입점한 신축 빌딩은 미래가치가 뛰어나 매입자를 찾을 수 있었다.

2014년 9월 30일 임대수익을 얻다가 향후 매각차익을 노릴 수 있는 빌딩을 찾고 있던 대치동 소재 M주식회사에 72억 8,000만 원에 매각됐다. M주식회사는 매입 1년 만인 2015년 10월 2일 89억 원에 다시 매각해 16억 2,000만 원의 차익을 얻었다(제세공제 전).

L사장의 투자 수익

L사장의 신축 빌딩 총투자비는 53억 3,000만 원(대지 구입비 43억 원+건축비 8억 원+제세비용 등)이었으며, 은행 대출 16억 원을 제외한 순현금 투자는 37억 3,000만 원이었다.

L사장은 2년 7개월 만에 임대료 수입을 포함해, 총 25억 2,500만 원(매각차익 19억 5,000만 원+임대수익 5억 7,500만 원)의 매각차익(세금공제 전)을 얻었다.

 **투자 성공 포인트**

1. **입지 선택의 중요성을 인지했다.**
    - 국내 최고의 L백화점의 후면. 유동인구가 많은 인구 밀집지역에 위치했다.
    - 전철 역세권으로 미래 발전성이 뛰어났다.

2. **우량임차인의 입점 여부가 빌딩 가치를 좌우한다.**
    - 1, 2층에 외국계 유명 프랜차이즈 업체를 유치했다.
    - 클리닉 및 주변 상권에 어울리는 학원을 유치해서 공실이 없었다.

3. 3면 코너의 빌딩 부지를 선택해 1층 상가 전용면적을 넓혔으며, 이로 인한 높은 임대료 수입으로 캡레이트(Cap Rate, 단순수익률)가 높아서 만족스러운 매도가격을 받았다.

4. 용적률 혜택을 받는 준주거지역을 선택했다.

집 장사꾼 J여사의 두 번째 성공

구 분	내 용		
명	집 장사꾼 J여사의 두 번째 성공		
대지위치	서울시 강남구		
대지면적	403.70㎡ (122.12평)		
지역/지구	제3종 일반주거지역		
건물구조	철골철근콘크리트구조		
건물규모	지하 3층~지상 6층		
건축면적	201.80㎡ (61.04평)	연면적	1,942.01㎡ (587.46평)
건폐율	49.99%	보증금	7억 8,000만 원
용적률	248.87%	월 세	5,860만 원
냉난방	시스템	관리비	1,030만 원
승강기	1대	주 차	총 14대
공시지가	33억 4,667만 3,000원	도 로	12m
특 징	전철역 메인 먹자골목		
준공일	2011. 05. 09.	매각가격	140억 원

집 장사에서 빌딩 장사로 대성공한 J여사의 두 번째 성공을 위한 보물찾기

강남 지역에서 다세대주택을 건축하고 분양해서 재산을 상당히 축적한 62세의 J여사는 2007년 초 사업을 확장하고 싶어 했고, 이를 위해 사업을 확장 시행할 사업지를 찾고 있었다.

그러던 중 J여사와 평소 가깝게 지내던 강남역 인근의 개업 공인중개사 P씨는 J여사에게 강남역 주변에서 인지도가 높은 '태극당'이 주상복합 건물로 개발된다는 설명과 함께, 개발되는 이 주상복합 건물의 입구 쪽이 많이 활성화될 것 같으니 관심을 가지라고 했다. 이에 J여사는 태극당 입구 쪽에 빌딩 신축 부지가 있으면 매입하겠으니 P씨에게 소개해달라고 요청했다. P씨는 부동산 공동중개 사이트를 검색해 매물로 나온 태극당 맞은편 코너의 빌딩 신축 부지 473m²(143.08평, 일반상업지역)를 매입해 빌딩을 신축해서 임대한 후 매각하면 많은 차익을 얻을 것이라고 추천했다.

J여사는 이 부지에 대해 여러 사항을 검토한 후 남편과 공동명의로 매입해 연면적 4,018.07m²(1,215.47평, 지하 3층~지상 11층)의 빌딩을 신축했고, 이를 임대 완료한 후 2008년 매각해 30억 원의 매각차익을 얻었다. 이런 성공적 결과에 자신감을 얻은 J여사는 다시 한번 강남역 이면 상권 밀집지역에 사업지를 찾아 나섰다.

J여사가 찾는 빌딩 신축 부지의 조건은 첫째는 본인이 잘 아는 강남역 이면 상권 좋은 지역이어야 한다. 둘째는 1개 층 바닥 면적을 효율적으로 사용하기 위해서는 부지면적이 350~500m²(105.87~151.25평)여

야 한다. 셋째는 용적률 혜택을 받아 빌딩을 고층으로 올릴 수 있는 일반상업지역이어야 한다. 넷째는 부지가 최소한 8m 이상 도로에 접해있어야 하며 코너 입지면 더욱 좋다. 다섯째는 매입가격이 50~60억 원이어야 한다. 여섯째는 신축하기 전 임차인들의 명도가 돼야 한다는 것이었다.

그러나 그동안 가격이 너무 올라서 일반상업지역 빌딩 신축 부지는 3.3㎡당 1억 원을 호가해 매입하기가 쉽지 않았다. 그렇게 8개월 동안 부지를 물색하던 중 본인이 빌딩을 신축해서 매각했던 위치에서 멀지 않은 곳에 주택을 개조해 음식점을 하던 403.7㎡(122.12평), 12m 이면도로, 제3종 일반주거지역이 3.3㎡당 5,000만 원인 61억 원에 매물로 나온 것을 소개받았다.

J여사는 이 부지가 본인이 처음에 찾으려 했던 조건에서 몇 가지가 맞지 않았으나 앞으로 상권이 더 좋아질 것으로 생각했고, 도로도 코너는 아니었으나 이면도로 중에는 큰 12m에 접해있어서 매입하기로 결정했다. 처음에 나온 매도가격에서 1억 원을 네고해서 2010년 5월 4일 60억 원에 매입했다(융자 35억 원, 자기자금 25억 원).

캡레이트를 높일 수 있게 빌딩을 건축하라

J여사는 건설회사를 직접 운영하지는 않았고, 이전에 여러 채의 주택을 비롯해 2년 전 신축 빌딩을 공사하던 과정에서 저렴하면서도 건축을 잘하는 D건설업체를 이용한 경험을 살려 이 빌딩의 신축 공사도 그 업체에 맡겼다.

J여사는 빌딩 신축 시 임대료를 최상으로 받는 데에 주안점을 두고, 저층의 전용면적이 많이 나오게 하는 것이 최우선이라고 판단해 이를 설계 과정에 반영했다.

　이 빌딩 부지는 용적률이 많이 나오는 일반상업지역도 아니고, 부지 코너도 아닌 관계로 지하 주차장으로 진입시키는 진입면적만큼 1층 전면 상가면적이 없어지는 것이 아쉬웠다. 또한 5층과 6층은 도로 사선 제한으로 면적이 줄어들어 볼품이 없어졌다. 그래서 지하 1층과 2층을 넓게 건축해서 매각 시 캡레이트(Cap Rate, 단순수익률)가 높아지도록 임대료를 많이 받는 것에 일조하게 했다.

　이런 점에 중점을 두고 설계하고, 임차인 명도 절차를 거쳐 인허가를 완료한 후 건축비 20억 원을 투자해 착공한 지 1년 만인 2011년 5월 9일 연면적 1,942.01m²(587.46평, 지하 3층~지상 6층)의 빌딩을 준공했다.

임대가격 산정과 우량임차인 유치 전략

　J여사는 상권이 좋은 지역이더라도 우량임차인을 유치하기 위해서는 여러 가지 노력이 필요하다는 것을 누구보다도 잘 알았다. 따라서 준공 6개월 전부터 강남구 신사동에서 빌딩 임대를 주로 컨설팅하는 C창업컨설팅 회사에 우량임차인 소개 및 임대가격 산정을 의뢰했고, 여기서 나온 임대가격을 기준으로 신축 빌딩 주변의 개업 공인중개사들에게도 임대를 부탁했다.

　이러한 노력에 힘입어 빌딩 준공 후 6개월 이내에 1, 2층에는 유명 주스업체가 입점했고, 그 외의 층에는 미용실, 학원, 건전 마사지숍 등에 임대했다.

임대 완료 후 이 빌딩은 보증금 7억 8,000만 원, 월세 5,860만 원, 관리비 1,030만 원이라는 최고의 수익성 빌딩으로 탄생했다.

최고 수익 목표 매각가격 산정

J여사는 2년 전 본인이 신축한 태극당 주상복합개발부지 건너편 빌딩을 매각할 때, 주먹구구식으로 매각가격을 산정해서 부동산 매매 시장에 제시했더니, 최초 제시한 매각가격보다 최종 매각가격이 많이 낮아져 매각차익이 예상보다 적어진 것을 교훈 삼아, 이번에는 냉철하게 분석해 매각가격을 산정했다.

J여사가 고려한 매각가격 산정 기준은 첫째는 캡레이트가 5%대 중반이어야 하고, 둘째는 대지가격은 3.3m²당 9,000만 원, 건축비는 3.3m²당 500만 원으로 계산해 매각가격을 산정하고, 셋째는 주변의 매매 사례를 감안하는 것이었다.

이런 분석 방법으로 매각가격을 산정했을 때 가장 근접한 가격은 140억 원이었다.

J여사는 쉽게 팔릴 것으로 예상하고 140억 원에 부동산 매매 시장에 내놨다. 그러나 임차인 중에 마사지업소(퇴폐업소는 아님)가 있고, 사선제한으로 빌딩 5, 6층이 꺾여서 건축된 것이 번번이 매입 의향자들의 발길을 돌리게 만들었다.

그렇지만 한편으로는 J여사가 빌딩을 신축한 후 신축 빌딩 주변에 있던 대형 오피스텔 부지 두 곳이 가격이 비싸서 그동안 매각되지 않다가 그 시점에 시행사에 매각되고, 대형 오피스텔로 개발돼 일반에 분양 완료됐다. 또한 신축 빌딩 바로 옆에는 유명 D대입학원이 학원 빌딩을 신축해 오픈하는 등 나날이 주변 상권이 좋아졌다.

J여사는 이런 호재성 재료들이 주변에 생기니 공실도 없고 임대료도 잘 들어와 서둘러서 매각하려 하지 않았지만, 강남 지역 개업 공인중개사들의 계속된 매각 요청이 있었다. 이에 J여사는 본업인 또 다른 빌딩 개발 사업을 하기 위해 빌딩 매각을 시작한 지 2년 6개월 만인 2014년 6월 23일 강남 지역에서 수익용 빌딩을 찾고 있던 국내 톱스타 여배우 K씨에게 최초 매각가격에서 8억 원을 네고한 132억에 매각했다.

J여사의 투자 수익

J여사의 신축 빌딩 총 투자비는 83억 원이었으며(대지 구입비 60억 원+건축비 20억 원+제세공과금 및 기타비용), 은행 대출 35억 원을 제외한 순 현금 투자는 48억 원이었다.

J여사는 4년 1개월 만에 임대료 수입을 포함해 총 66억 원(매각차익 50억 원+임대수익 16억 원)의 매각차익(세금공제 전)을 얻었다.

투자 성공 포인트

1. **사전에 잘 알고 있는 지역을 선택했다.**
    - 코너 입지와 상업지역은 아니지만, 명도가 쉽고 상권 좋은 12m 도로에 접한 신축 부지를 구입했다.
    - 매입가격에 대한 검토가 용이했고, 저렴한 매도가격 부지를 신속하게 매입했다.

2. **미래 발전 가능성을 우선순위에 뒀다.**
    - 유동인구 밀집지역인 강남역 이면 먹자 상권으로 가격 상승을 예상하는 게 어렵지 않았다.
    - 주변에 대형 오피스텔이 두 군데나 신축됐고, 유명 대입학원이 이 빌딩 옆쪽에 신축됐다.

3. **빌딩 가치 상승을 위한 전략적 선택을 잘했다.**
    - 임대 전문 부동산 중개업체에 의뢰해 임차업체의 임대료를 최상으로 받았다.
    - 지하 1, 2층의 전용면적을 넓혀 건축해 임대료 수입을 높였다.
    - 캡레이트(Cap Rate, 단순수익률)를 높여서 빌딩 가치를 상승시켰다.

쪼가리 땅에 빌딩 짓는 아이디어

구분	내용		
명	쪼가리 땅에 빌딩 짓는 아이디어		
대지위치	서울시 강남구		
대지면적	553.9m² (167.55평)		
지역/지구	일반상업지역		
건물구조	철근콘크리트구조, 철골구조		
건물규모	지하 7층~지상 17층(옥탑 포함 19층)		
건축면적	328.47m² (99.36평)	연면적	7,404.91m² (2,239.99평)
건폐율	59.3%	보증금	28억 5,000만 원
용적률	799.71%	월세	1억 9,800만 원
냉난방	시스템	관리비	4,378만 원
승강기	2대	주차	총 25대
공시지가	174억 907만 7,000원	도로	테헤란로×4m 코너
특징	테헤란로 전철역 도보 1분 거리 / 융자 270억 원		
준공일	2015. 03. 04.	매각가격	500억 원

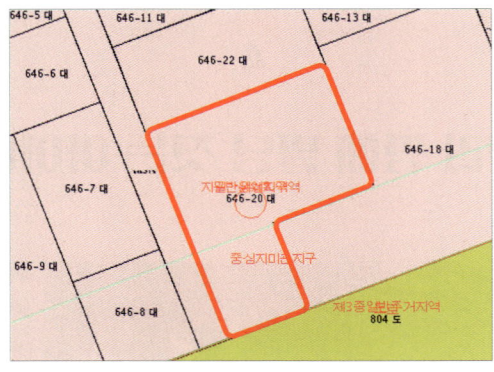

지적도

테헤란로 쪼가리 땅, 아이디어를 활용해 개발하라

강남 지역에서 두 건의 신축 빌딩을 건축해서 한 건은 2012년 11월 말경에 매각해 약 70억 원의 매각차익을 얻었고, 다른 한 건은 직접 소유 관리하면서 월 1억 5,000만 원의 월세를 받고 있는 중소 건설사 대표 K사장은 새로운 신축 빌딩부지를 찾기 위해 혈안이 돼있었다.

그러던 중 2013년 초 테헤란로 역삼역 입구 대로변에 134.9m²(40.8평)의 신축 부지가 시세 절반 이하 가격인 3.3m²당 9,305만 원, 총 37억 9,650만 원에 신탁회사에서 공매하는 것을 신문 공고란을 보고 매입을 검토했다.

이 부지는 공매를 위한 가격 감정평가 절차를 거친 최초 매각가가 3.3m²당 1억 7,000만 원이었으나, 공매 참가자가 없어 공매가가 계속 떨어져 현재의 가격이 됐다. K사장이 파악한 이 위치의 매매 시세는 2억 원이었으니 현재의 공매가는 시세 대비 절반 가격도 안 되는 것이었다.

그런데 매입자가 없다는 것이 이상해 강남구청 건축과에 알아본 결과 테헤란로는 건축물의 무분별한 개발을 제한하기 위해 아주 작은 소형 빌딩은 신축 허가가 제한돼 이 부지만 가지고는 빌딩을 신축할 수 없게 지구단위계획을 공고했다고 했다. 이에 K사장은 아쉬움은 남았지만 부지 매입을 포기했다.

2013년 4월 말경 K사장은 평소 가깝게 지내고 있는 강남 지역의 개업 공인중개사로부터 이 부지와 후면에 붙어있는 한 필지의 부지를 합치면 빌딩 신축에 대한 구청의 인허가를 받을 수 있고, 신축하려고 이 두 필지를 매입한 부동산 투자자가 사정이 생겨 매각하려 하니 매입할 것을 요청받았다.

두 필지를 매입한 부동산 투자자는 먼저 후면 부지 소유자인 전직 대학 총장을 설득하고 가격을 네고해 매입을 확정한 후에, 공매에 나왔으나 단독 개발의 어려움으로 매입자가 없는 테헤란로 대로변 134.9m²(40.8평) 부지의 소유자인 신탁사와 수의계약(隨意契約)을 했으며, 이후 사정상 단기 차익을 남기고 매각하는 것을 진행 중이었다.

이런 사실을 전해 들은 K사장은 2개의 부지를 합한 신축 빌딩 건축에 대해 주거래 설계사무소 소장 등과 검토한 결과 이에는 장단점이 있었다.

장단점을 검토하고 매입 여부를 결정하라

장점으로 첫째는 전철역 전철 출구에 접했고, 둘째는 매도가격이 시세보다 3.3m²당 약 3,000만 원 정도 저렴했으며, 셋째는 매입 예정자들의 선호도가 높은 테헤란로 변에 있었고, 넷째는 고층 신축 및 용적률 800%가 가능한 일반상업지역 부지였으며, 다섯째는 테헤란로 대로변과 4m 도로에 접한 코너 입지였다.

단점은 부지 모양이 전면은 134.9m²(40.8평), 후면은 419m²(126.75평)로 돼있어, 전면이 너무 좁아서 빌딩 신축 시 빌딩 모양 및 입주자 사용 전용면적 구성에 문제점이 있어 보였다.

그러나 수익성 검토에 있어서 절대적인 기준인 부지 매입가격이 시세보다 약 3,000만 원 저렴하고, 코너 입지이며, 또한 건축 설계 도면을 사전 검토해봤을 때 빌딩을 준공했을 때 결점이 상당 폭 줄어든다고 판단돼, K사장은 2013년 10월 28일 248억 5,000만 원에 매입했다.

매입 시 은행 대출을 240억 원 받아서 잔금을 지급했고, 이에 매입 시 실투자금액은 세금 포함 20억 원이 들어갔다.

매력적인 빌딩을 지어라

K사장은 신축 빌딩부지가 테헤란로 변에 접한 전면이 좁고 뒷부분이 넓은 형태였기 때문에 1층 전면부에 빌딩 출입구 및 엘리베이터를 배치해 일반 출입객 들이 좁다고 느낄 수 없게끔 단점을 어느 정도 보완했고, 지하는 7층까지 공사해서 건축법이 허용하는 범위 내에서 주차장을 최대한 늘렸다.

지하는 철근콘크리트구조로 했고 지상은 임차인들이 편리하게 사용할 수 있도록 기둥이 없는 철골구조로 지상 17층으로 시공했다.

엘리베이터 등 내부 인테리어는 골드색을 주로 사용해 부드러우면서

도 고급스럽게 치장했다.

K사장은 2013년 12월 28일 착공해 건축비 90억 원을 투자해서 1년 3개월 만인 2015년 3월 4일 연면적 7,404m²(2,239.99평, 지하 7층~지상 17층)의 빌딩을 준공했다.

우량임차인 유치 전략

강남 지역에서 두 건의 신축 빌딩을 준공해서 임대가격 및 임차업체를 유치하는 전략을 잘 알고 있는 K사장은 평소 거래하는 강남 지역 임대 알선 부동산 컨설팅업체들에게 매입 예정자들이 좋아하는 형태인 1개 층에 1개 업체가 입점하는 임대 소개자료를 제공하고 우량 임차업체를 유치해달라고 했다.

이 작업은 준공 6개월 전부터 시작했는데, 임대 전문 부동산 컨설팅업체들이 커피숍과 클리닉, 피트니스, 사무실 등의 사전 임차 의향서를 받아 준공과 동시에 총 임대면적의 2분의 1 정도가 입점했다.

위치가 전철역 출구에 접하는 관계로 계속 임차업체가 입점됐고, 준공 후 6개월 만에 2개 층을 제외한 전 층에 임차업체가 입주했다. 이에 2개 층은 K사장 본인 소유 건설업체가 사용하기로 하니, 전체 임대가 완료됐고 안정된 임대료가 나오게 돼 빌딩 매입 의향도 들어왔다.

임대 완료 후 보증금 28억 5,000만 원, 월세 1억 9,800만 원, 관리비 4,378만 원이라는 A급의 수익성 빌딩이 됐다. 단, 지상 1, 2층 입점 업체인 커피숍은 임대차 계약 외에 '제소전 화해조서(提訴前 和解調書)'를 작성해 만일의 경우 명도에 대비했다.

최고 매각차익을 위한 매각가격 산정

K사장은 이전에 본인이 신축해서 매각한 청담동 빌딩을 너무 싸게 팔았다고 생각했기에, 이 빌딩만큼은 가격 산정을 잘해서 수익을 극대화할 수 있게 마무리한다는 생각으로 매각가격 검토를 시작했다.

K사장의 매각가격 산정 기준은 첫째는 테헤란로에 위치한 신축 빌딩이니 연면적 3.3㎡당 2,300만 원으로 계산하는 방법과, 둘째는 캡레이트(Cap Rate, 단순수익률) 4.5%를 기준 삼아 가격을 산정하는 방법, 셋째는 주변의 매매 사례를 감안하는 방법이 있었다.

이런 방법을 검토했을 때 예상 매각가격은 550억 원이 나왔으며, 이 가격을 부동산 매매 시장에 공개하고 네고가 가능하다고 했다.

그러나 다수의 매입 의향자가 가격이 비싸다고 매입할 가격은 450억 원 이하라며 100억 원의 가격 네고를 요청했다.

이에 대해, K사장은 처음에는 월세가 잘 들어오고 있어 은행 이자를 지급하고도 상당한 금액이 저축돼 그다지 급하지는 않아서 항상 있는 일로 무시했다. 그러나 실제로는 이 빌딩을 담보로 은행 대출을 많이 받고 있어서 심적 부담이 많았고, 더욱이 미국의 금리 인상 여파로 국내 금리도 오를 것이라는 전망과 다음 사업도 고려해야 하는 문제들로 생각이 많았다.

이런 상황에서 K사장은 여러 매입 의향자의 매입 제안을 세밀히 검토하던 중 빌딩 준공 1년 만인 2016년 3월 11일 강남 지역에서 수익용 빌딩을 찾고 있던 국내 굴지의 제약회사 C회장에게 465억 원에 매각했다.

K사장의 투자 수익

K사장의 신축 빌딩 총 투자비는 350억 원(대지 구입비 248억 5,000만 원+건축비 90억 원+제세공과금 및 기타비용)이었으며, 은행 대출 240억 원을 제외한 순 현금 투자는 110억 원이었다.

K사장은 2년 4개월 만에 임대료 수입을 포함해 총 122억 원(매각차익 115억 원+임대수익 7억 원)의 매각차익(세금공제 전)을 얻는 대박을 터트렸다.

 **투자 성공 포인트**

1. **빌딩 부지형상의 단점을 보완할 수 있는 아이디어를 활용해 건축했다.**
   - 테헤란로에 접한 전면이 너무 좁아 이를 보완하는 건축 설계가 좋은 결과를 가져왔다.

2. **빌딩 부지형상의 단점은 있었으나, 낮은 매입단가는 장점으로 전환됐다.**
   - 대지 매입가격이 시세 대비 3.3m²당 약 3,000만 원 정도 저렴했고, 이는 높은 수익성으로 연결됐다.

3. **최상의 입지를 선택했다.**
   - 테헤란로 대로변의 전철역 출구로 초역세권 상권이라는 좋은 부지를 선택했다.

4. **두 건의 빌딩 신축 경험을 활용해 매입 예정자의 기호에 부응했다.**
   - 빌딩 건축 자재 및 디자인 등에 각별히 신경을 썼고, 이는 빠른 매각과 좋은 가격을 받는 원인을 제공했다.

5. **커피숍, 클리닉 등 내용 있는 우량업체를 임차업체로 유치해 빌딩 가치를 상승시켰다.**

부동산 가격 상승을 위한 '물타기'

1. 실행 방법

- 가격이 높은 대로변 빌딩을 구입한 후 뒤쪽으로 붙어있는 가격이 싼 이면도로 빌딩이나 다가구 주택, 신축 부지 등을 구입해 건축물을 철거한 후 두 필지를 합병하면, 싸게 구입한 부지 가격이 대로변 비싼 가격으로 전환 평가돼 전체적으로 부동산 가격은 상승한다.
- 이 방법은 가격 면에서 보면 주식 투자에 있어서 '물타기'와 비슷하다. 주식 투자에서의 '물타기'는 매입한 주식이 하락하면 그 주식을 더 낮은 가격에 추가 매입해 매수 평균 단가를 낮추는 기법이다.

2. 실행 사례

- SM 엔터테인먼트의 이수만 회장은 1999년 압구정 대로변 빌딩을 매입한 후, 2005년 뒤편에 붙어있는 이면의 다가구 주택 두 채를 싼 가격으로 추가 매입한 후 사옥을 신축해 상당한 투자 이익을 봤다.
- '사마귀 슈터'라는 농구선수 출신 김영만 감독은 2001년 대지면적 268.9㎡의 청담동 빌딩을 매입한 후, 2015년 뒤편에 붙어있는 이면의 272.9㎡의 빌딩이 경매로 나오자 감정평가가격보다 4억 원이나 비싼 가격에 낙찰받았다.

− 〈매일경제신문〉 2017년 3월 20일 기사 참조 −

제소전 화해조서(提訴前 和解詔書)

1. **제소전 화해조서**

   제소전 화해는 개인 간에 분쟁이 발생한 경우에 소송으로 이어지는 것을 방지하기 위해 소송 전에 쌍방이 서로 화해하도록 하는 것을 말한다. 제소전 화해조서는 신청인과 피신청인 사이의 화해가 성립됐음을 알리고 이를 증명하기 위해 작성하는 신청 서류다.

2. **제소전 화해조서의 효력**

   제소전 화해조서는 확정판결과 동일한 효력이 있다. 화해조서의 내용에 따라 집행력과 형성력, 기판력이 있다. 즉 제소전 화해조서의 내용대로 양 당사자 중 일방이 이행하지 않을 경우 본안 소송(건물 명도, 대여금 청구의 소 등)을 할 필요 없이 화해조서 정본을 가지고 법원으로부터 집행문을 부여받아 강제집행을 할 수 있다. 일반적으로 임대차 계약 관계에서 많이 이용한다.

3. **제소전 화해조서와 공증**

   공증이란 국가나 공공단체와 같은 단체가 직권에 의해 특정한 사실 또는 법률관계의 존재 여부나 내용을 공적으로 증명하는 행위를 말한다. 주로 인증의 효력을 갖지만 금전 소비대차에 관한 공정증서와 약속어음에 관한 공정증서의 경우는 집행력을 갖는다. 일반적으로 임대차 계약서를 공증하는 경우는 제소전 화해조서와 같은 집행력이 없다.

용적률 혜택을 받는 부지를 선택하라

구 분	내 용		
명	용적률 혜택을 받는 부지를 선택하라		
대지위치	서울시 강남구		
대지면적	514.4m² (155.6평)		
지역/지구	일반상업지역, 제3종 일반주거지역		
건물구조	철근콘크리트구조		
건물규모	지하 1층~지상 7층		
건축면적	297.32m² (89.94평)	연면적	2,182.77m² (660.29평)
건폐율	57.8%	보증금	4억 9,000만 원
용적률	319%	월 세	2,779만 원
냉난방	개별	관리비	1,177만 원
승강기	1대	주 차	총 17대
공시지가	60억 1,848만 원	도 로	30×8m 코너
특 징	뒤쪽 지대가 높아서 실질 신축 용적률 880%(지하 1층이 현황 지상 1층) / 전철역 도보 3분 거리		
준공일	1992. 10. 06.	매각가격	135억 원

구(舊)건물(좌)과 신(新)건물(우)

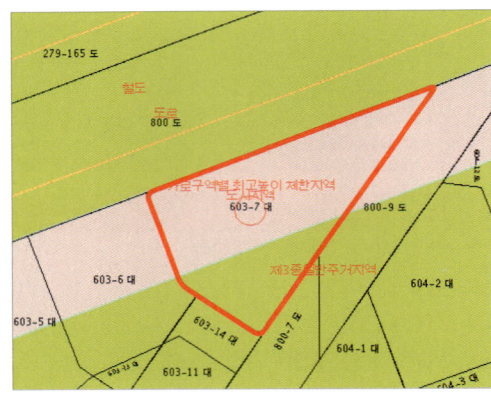

지적도

가족 공동 투자의 명(明)과 암(暗)

2010년 초 서초구 방배동에 거주하던 68세의 C여사는 너무 심적 고통이 컸다. C여사는 일찍 남편과 사별하고 남편 유산으로 IMF 이후인 2002년 2월 외아들과 2분의 1씩 공동 지분으로 31억 1,200만 원에 강남의 한 빌딩을 매입했다. 그런데 2007년부터 아들의 사업 실패로 아들 지분이 여러 건의 가압류와 강제경매를 당하는 바람에 하루도 편할 날이 없었다.

물론 C여사의 지분은 이상이 없었으나 임차인들이 불안해하고, 아들도 고통스러워해 마냥 지켜만 보고 있을 수 없었다. 또한 본인에게도 채권자들이 찾아와 대위변제할 것을 요구하기도 했다.

이를 해결하기 위해서는 빌딩을 팔고 본인의 지분 매각대금까지 일부 포함해서 아들의 채권을 변제해야만 할 것 같았다. C여사는 나이도 많고 맘 편하게 사는 것이 최고라 생각해 빌딩을 매각하기로 결정하고 부동산 매매 시장에 내놨다.

이 빌딩은 대지가 514.4m²(155.6평, 일반상업지역, 제3종 일반주거지역), 연면적이 2,182.77m²(660.29평, 지하 1층~지상 7층)였다.

빌딩의 장점을 홍보하고 매도가격을 높여라

이 빌딩의 장점으로 첫째는 봉운사로 대로변 코너에 위치했고, 둘째는 전철역에서 도보 5분 정도 거리였으며, 셋째는 주변에 호텔이 많이 있어서 호텔, 레지던스, 오피스텔 개발에 좋은 입지였고, 넷째는 앞은 대로변이고 뒷부분이 높아서 대로변 1층이 지적도상 지하 1층에 해당해 신축 시 용적률 추가 혜택을 받을 수 있었으며, 다섯째는 신축을 빨리할 수 있도록 임차인들의 명도가 준비돼있었다.

단점으로 첫째는 대지의 지형이 매입자들이 선호하는 장방형이 아니라 세모꼴이었고, 둘째는 리테일(Retail) 상권이 별로 없어 빌딩의 얼굴인 1층에 우량업체가 입점할 수 없었고, 셋째는 빌딩 신축 시 임대가 어려워 보였다.

그러나 C여사는 좋은 매각가격을 받기 위해서는 장점을 적극적으로 홍보해야 한다고 생각하고, 가장 큰 장점인 용적률 혜택을 강조하기 위해 건축설계사에 의뢰해 신축 허가를 받았다.

2010년도는 국토의 계획 및 이용에 관한 법률이 개정되기 전이라, 노선상업지역이라도 각각의 용도지역 중 조금이라도 큰 면적의 용적률을 기준으로 인허가 용적률을 적용했기에, 일반상업지역이 큰 C여사 부지의 신축 용적률은 800%였다. 또한 이 부지는 경사도가 있어서 현황 1층이 지적도상 지하 1층이라, 용적률 산정에 들어가지 않는 지하 1층의 용적률을 더하면 실질 용적률은 880%(지하 2층~지상 19층)가 나왔다.

이에 C여사는 이런 장점을 내세우며 매각가격을 시세보다 조금 높은 3.3m²당 9,000만 원을 적용해 140억 원으로 했다. 물론 명도를 해주는 조건이었다.

단점이 부각되는 현실을 타개하라

그러나 전철역이 가깝고 주변에 호텔들이 많았음에도 불구하고, 대지 모양이 세모꼴이고 상권이 받쳐주지 못하니 매입 의향 업체는 오피스텔을 개발해 분양하는 시행사나 사옥을 지을 일반 법인으로 한정됐고, 가격이 비싸고 주변에 다른 매물도 있어 1년여 동안 매각되지 않았다.

그러자 C여사는 부동산 매매 시장에 내놓은 매각가격에서 20억 원 할인해 다시 시장에 제시했으나, 오피스텔 개발업자들은 100억 원 이하로 매입해야 수익이 발생한다며 이 가격에는 매입하려 하지 않았다.

이런 과정이 지나가면서 어떻게 알았는지, 유명 신탁사의 개발신탁 담당자가 C여사에게 연락해서 직접 개발할 것을 조언했고, C여사는 아들과 상의 후 직접 근린상가 오피스텔을 개발해 분양하기로 했다. 2011년 4월 유명 신탁사와 개발신탁으로 의뢰하는 계약을 했고 신탁사는 건설사 등을 선정해 근린상가와 오피스텔 118실을 건축해 3년 만인 2014년 3월 분양을 완료했다.

직접 개발에 따른 C여사와 아들의 이익

C여사와 아들의 최초 빌딩 매입가격은 31억 1,200만 원(3.3m²당 2,000만 원)이었고, 은행 융자 25억 원을 제외하고 제세비용 등을 포함하면 순 현금 투자비는 7억 8,000만 원(매입가격 31억 1,200만 원+취득세 4.6%+기타비용-융자 25억 원)이었다.

근린상가 및 오피스텔을 개발 분양해 매출액 315억 원(근린상가 35억 원+오피스텔 118세대 280억 원)에서 공사비 및 경비 등을 제외하고 순수입으로 들어온 금액은 160억 원이었다.

따라서 C여사와 아들은 31억 1,200만 원(순 현금 투자 7억 8,000만 원)을 투자해 12년 만에 세금공제 전 103억 8,800만 원 이익(160억 원-31억 1,200만 원-융자 25억 원)의 투자 이익을 얻는 대박을 터트렸다.

 **투자 성공 포인트**

1. **용적률은 돈이다.**
   - 대지의 모양은 세모꼴로 좋지 않았으나, 대로변에서 뒷부분으로 높아져 가는 지형상 장점을 갖고 있었고, 지하 1층이 대로변에 접해있어 실질적으로 지하 1층에 해당하는 용적률 80% 혜택을 봤다.

2. **입지가 성공을 이끌었다.**
   - 신설 전철역이 5분 거리에 있어서 오피스텔 분양 및 임대가 용이했다.
   - 코너변이라 1층 전면을 훼손하지 않고 주차장 진입이 가능했다.
   - 고도 제한을 피해 지상 19층까지 건축할 수 있어서 가시성이 뛰어났다.

3. **개발 전문사인 유명 신탁사에 개발 및 분양을 전적으로 맡겼다.**

입지와 외관 디자인으로 승부하라

구 분	내 용		
명	입지와 외관 디자인으로 승부하라		
대지위치	서울시 강남구		
대지면적	437.3m² (132.28평)		
지역/지구	일반상업지역		
건물구조	철골철근콘크리트구조		
건물규모	지하 3층~지상 17층		
건축면적	254.99m² (77.13평)	연면적	4,499.46m² (1,361.09평) 실제 : 1,625평(타워 포함)
건폐율	58.31%	보증금	28억 원
용적률	796.76%	월 세	1억 6,078만 원
냉난방	개별	관리비	3,116만 원
승강기	2대	주 차	총 51대
공시지가	62억 9,712만 원	도 로	전면 30m 대로변 / 후면 4m
특 징	전철역 도보 1분 거리		
준공일	2012. 07. 19.	매각가격	380억 원

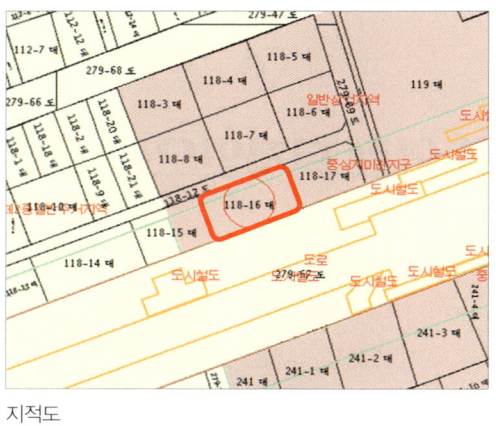
지적도

강남에서 새롭게 부각되는 사업지를 확보하라

K회장은 1999년 토목공사 및 건축공사를 주업으로 하는 건설회사를 설립한 후 이를 견실하게 운영해 자산을 축적했다.

2007년 10월 축적된 자금으로 강남구 청담역 이면 코너에 위치한 빌딩 부지를 저렴한 가격에 매입해 빌딩을 직접 신축해 소유하고 있었으며, 이 빌딩에서 매달 들어오는 1억 원이라는 월세는 K회장으로 하여금 주업을 토목공사나 건축공사에서 부동산 임대 사업 쪽으로 전환하게 만들었다.

K회장은 이런 빌딩 신축 후 임대 사업이 노력에 비해 부가가치가 아주 높다는 것을 인지하고, 부동산 임대 사업을 확장하기 위해 새로운 빌딩 신축 부지를 강남 지역에서 새롭게 떠오르는 역세권 위주로 찾아 다녔다.

K회장이 찾는 신축 부지 조건은 첫째는 강남 지역 역세권이어야 하며, 둘째는 대로변이어야 하고, 셋째는 일반상업지역의 직사각형 부지

를 원했다. 넷째는 매입가격은 100억 원에서 150억 원 이내여야 했다.

2009년 10월경 K회장은 아들을 통해서 강남 지역 전철역 부근의 개업 공인중개사로부터 빌딩 신축 부지를 소개받고 빌딩 신축 시 타당성이 있는지 검토에 착수했다.

이 빌딩 신축 부지는 대지면적이 437.3m²(132.28평)였고, 4층짜리 오래된 빌딩이 있었다. 매도자는 30년간 소유해오고 있었는데, 은행 대출은 한 푼도 사용하지 않을 정도로 자금 여력이 좋았다.

매도가격은 3.3m²당 1억 2,000만 원으로 총 매매가는 158억 7,360만 원이었다.

신축 부지의 장단점 분석

이 신축 부지에 대해 K회장은 장단점을 분석했다.

장점으로 첫째는 전철역 2분 거리의 역세권 지역이었다. 둘째는 30m 대로변에 접했고, 후면도 4m 도로변에 있어 주차 출입구를 뒤편으로 해 전면을 살릴 수 있었다. 셋째는 대로변에 접한 면적이 넓어서 1층의 활용도가 좋았다. 넷째는 일반상업지역이라 용적률 800%를 받을 수 있었다. 다섯째는 매입가격도 협상 여하에 따라 K회장이 요구하는 범위에 들 수 있었다.

이에 비해서 단점으로 첫째는 4층 빌딩에 임차인들의 명도가 쉽지 않아 보였다. 둘째는 대지 모양이 대로변 전면이 넓은 것은 좋으나, 폭이 좁아서 사용면적이 길쭉해 이로 인해 임차인들이 불편할 수 있었다. 셋째는 주변 상권이 아직 활성화가 되지 않았고, 넷째는 옆쪽인 전철역 출구쪽 구(舊) Y백화점 자리에 대기업 계열사에서 대형 빌딩을 신축하고 있어 건축 완료 시 공실 우려가 컸다.

K회장은 단점 중에서도 주변에 대형 빌딩이 신축 중인 것이 마음에 걸렸으나, 기존에 소유하고 있는 청담역 빌딩에서 안정적인 월세가 나오고 있었고, 유사시 자금 부담이 올 경우에는 매입 예정자들의 선호도가 높은 청담역 빌딩을 매각하면 어려움이 해소될 거라 생각했다. 그리고 빌딩 신축 가설계를 해본 결과 상당히 만족스러워, 매입을 위한 가격 네고를 시작했다.

K회장은 임차인 명도를 매도자가 해주는 조건으로 매입가격을 3.3m²당 1억 원으로 제시했으나, 별로 급할 것 없는 매도자는 이에 응하지 않았고 오히려 매수자가 명도를 책임진다면 3.3m²당 1억 1,000만 원까지 매각하겠다고 역제안을 했다.

고민 끝에 K회장은 이를 승낙하고 2009년 12월 11일 145억 원에 매매 계약을 체결하고 2010년 4월 12일 소유권을 이전했다(매입 시 100억 원의 은행 대출을 받았다).

외관 디자인과 내부 인테리어를 고급스럽게

이 부지 매도자는 매각 시 꼭 필요한 임차인 명도을 원활히 하기 위해, 기존 임차인들과 임대차 계약을 1년씩만 해왔으나, 매입 계약한 K회장은 '명도가 곧 돈이다'라 인식하고 임차인들과 협의해 계약 만료일 1년을 더 줄여보려 했다. 그러나 임차인들의 요구 사항이 과해 임차 만기까지 기다리기로 했다.

대신에 빌딩 인허가 및 설계에 치중해 최고층을 17층으로 했으며, 부지가 작고 대지 모양이 대로변이 넓은 길쭉한 형태이기에 기둥이 없는 철골철근콘크리트구조로 건축하기로 했다.

신축 후 입점시킬 임차인들은 주로 우량임차인인 성형외과 클리닉을 유치하기로 마음먹고 빌딩 외관 디자인에 신경을 많이 썼으며, 내부는 고급스러운 대리석과 골드색을 가미해 임차업체가 자기 고객에게 고급 마케팅을 할 수 있도록 세심히 배려했다.

K회장은 2011년 3월 10일 착공해 건축비 60억 원을 투자해 1년 3개월 만인 2012년 7월 19일 연면적 4,499.46m²(1,361.09평, 지하 3층 ~지상 17층)의 빌딩을 준공했다.

공실을 해소할 전략을 수립하라

전철역과 접한 구 Y백화점 자리에 대기업 계열사가 신축한 빌딩이 주변 임차인들을 선점한 관계로 K회장의 신축 빌딩은 임차업체를 입점시키는 데 어려움이 많았다.

K회장은 이런 어려움을 예상하고 준공 6개월 전부터 임차업체를 유치하기 위한 전략을 수립해 시행해왔지만 쉽지 않았다. 준공 8개월 만에 총 17개 층 중 성형외과가 3개 층에, 신경외과가 1개 층에 입점했고, 위치가 전철역에 가깝고 빌딩이 가시성이 있어 준공 1년이 넘어서면서 1층에 햄버거 가게와 핸드폰숍, 2층에 커피숍, 나머지 층에 클리닉과 사무실 등이 입점했다.

임대 완료 후 보증금 28억 원, 월세 1억 6,000만 원, 관리비 3,100

만 원이라는 준수한 수익성 빌딩이 됐다.

물론 지상 1, 2층 입점업체인 햄버거 가게와 핸드폰숍은 입점 시 임대차 계약 외에 제소전 화해조서를 작성했다.

매각을 서두르지 않겠다

K회장은 이전에 했던 토목 및 건축 사업을 접고서 아들을 대표이사로 세우고 부동산 판매와 임대 사업을 주업으로 하고 있었는데, 임대료 수입으로 모든 사업의 자금 지출에는 어려움이 없어 매각차익을 충분히 누리지 않으면 쉽게 매각하려 하지 않았다.

이 빌딩의 매각가격을 산정해봤을 때 300억 원을 넘지 않았으나, K회장은 380억 원에 매각한다고 부동산 매매 시장에 내놨다.

K회장이 산정한 매각가격의 기준은 첫째는 역세권에 위치한 신축 빌딩이니 연면적 3.3m^2당 2,800만 원으로 계산했다. 둘째는 예정된 임대가로 임대가 완료됐을 때를 기준으로 한 캡레이트(Cap Rate, 단순수익률) 5%대 중반을 기준 삼아 가격을 산정했다. 셋째는 토지가격 3.3m^2당 2억 원, 건축비 3.3m^2당 650만 원(주차타워 포함 연면적 1,625평)으로 계산했다.

그러나 매입 의향자들은 250억 원에서 300억 원 이하로 매입가격을 제시했고, 많은 가격 차이로 매각은 쉽지 않았다.

K회장은 이 빌딩을 담보로 은행으로부터 100억 원의 대출을 받고 있었으나 월세가 잘 들어오고 있어 그다지 급하지 않았다.

그러던 중 2015년 2월 11일 치킨 사업으로 갑자기 성공한 H치킨

업체에서 가시성이 뛰어난 빌딩이라 향후 사업상 1, 2층에 자사 브랜드숍을 오픈하는 등 광고 효과가 뛰어날 수 있다고 판단해 시세 대비 10% 이상 비싼 가격인 330억 원에 매입했다

K회장의 투자 수익

신축 빌딩 총 투자비는 212억 6,000만 원(대지 구입비 145억 원+건축비 60억 원+제세공과금 및 기타비용)이었으며, 은행 대출 110억 원을 제외한 순 현금 투자는 102억 6,000만 원이었다.

K회장은 2년 9개월 만에 임대료 수입을 제외하고 총 117억 4,000만 원(매각가격 330억 원-총투자 212억 6,000만 원)의 매각차익(세금공제 전)을 얻는 대박을 터트렸다.

 **투자 성공 포인트**

1. **가시성 있는 빌딩을 건축했다.**
   - 대지 형상의 전면이 넓은 장점을 최대한 활용했고, 17층이라는 고층을 건축함으로써 빌딩이 실제보다 많이 커 보여 가시성이 뛰어났다.
   - 빌딩 외관 디자인에 전문가를 투입해 주변 랜드마크 빌딩을 건축했다.
   - 건축 자재 등의 선정 시 임차업체들의 선호도가 높은 것을 채택했다.

2. **입지 선택의 중요성을 인지하다.**
   - 대로변의 전철 역세권으로 미래가치 상승을 예상했다.
   - 매입 시 일반상업지역을 선택함으로써 용적률 및 고층 빌딩을 신축할 수 있는 기본을 갖췄다.

3. **우량 임차업체를 입점시켰다.**
   - 공실을 두려워하지 않고 커피숍, 클리닉 등 내용 있는 우량업체를 임차업체로 유치해 빌딩 가치를 상승시켰다.

4. **시세보다 비싼 매각가격을 유지했다.**
   - '명작품'이라고 스스로 생각하고 매각을 서두르지 않았으며, 고가 전략을 유지했다.

싼 부지 매입은 제1의 성공원칙

구 분	내 용		
명	싼 부지 매입은 제1의 성공원칙		
대지위치	서울시 강남구		
대지면적	378.70m² (114.56평)		
지역/지구	일반상업지역		
건물구조	철근콘크리트구조		
건물규모	지하 1층~지상 11층		
건축면적	225.44m² (68.20평)	연면적	1,996.57m² (603.96평)
건폐율	59.53%	보증금	5억 원
용적률	495.93%	월 세	4,106만 원
냉난방	개별	관리비	1,194만 원
승강기	1대	주 차	총 10대
공시지가	49억 2,310만 원	도 로	4m
특 징	전철역 도보 3~4분 거리		
준공일	2014. 10. 07	매각가격	130억 원

테헤란로 이면 4m 도로 일반상업지역 빌딩 신축 부지

신축 부지를 매입하고 빌딩을 건축해서 임대 후 적절한 시점에 매각하는 부동산 전문가 K사장은 2013년 5월 초 강남구 역삼동에 빌딩 신축 부지가 급하게 매물로 나왔다고 평소 가깝게 지내는 개업 공인중개사로부터 연락을 받았다.

소개받은 부지는 $378.7m^2$(114.56평)였고 $3.3m^2$당 6,000만 원, 합계 68억 7,360만 원이었다.

이 부지는 약 3년 전에 소유자가 사망하면서 피상속인의 모친, 배우자, 아들 2명에게 상속됐는데, 이 부지에는 2층의 허름한 건물이 있었으며 '싼 포차집'이라는 저가의 음식점에 임대하고 있었다.

또한 이 부지에는 상속세를 나눠 내기 위해 12억 3,000만 원의 납세 담보가 설정돼있었고, 장남이 사업하느라 은행 대출을 받아 여러 건의 은행 근저당권이 설정돼있었다. K사장은 본인이 찾고 있는 빌딩 신축 부지가 맞는지 가설계로부터 장단점 검토를 시작했다.

빌딩 신축 부지로 타당한가?

K사장이 분석한 이 신축 부지의 장점으로 첫째는 일반상업지역이라 매입자들의 선호도가 높은 고층 빌딩 건축이 가능했다. 둘째는 역삼역 출구에서 도보 3분 이내에 위치해있어 임대가 용이해 보였다. 셋째는 매도자가 임차인 명도를 해줘서 빠른 시공이 가능했다. 넷째는 상권이 활성화된 위치로 주변 임대료를 분석한 결과 고가의 임대료가 가

능해서 예상 매각가 대비 캡레이트(Cap Rate, 단순수익률) 5%가 가능했다. 다섯째는 매도자의 사정상 급히 매각해야 했기에 매도가격에 일정한 네고가 가능해 보였다.

반면에 단점으로 첫째는 신축 부지가 4m 도로에 접해있어 허용된 용적률을 다 짓지 못하고 '건축법 시행령 제28조 제2항'에 따라 강남구청에서 허용하는 지하 포함 연면적 2,000m²(605평) 미만으로만 신축이 가능했다. 둘째는 입지에 코너나 후면도로가 있지 않아 전면에 주차장 진출입 통로를 만들어야 해서, 1층의 전면 전용면적이 적었다. 셋째는 주변에 비슷한 고층 빌딩들이 많아서 공실에 대한 리스크가 보였다.

K사장은 이런 장단점에 대한 세부 검토 후 매입에 대한 고민이 많았으나, 단점보다 장점이 많은 부지라고 판단했다. 또한 여러 매입 예정자와 경쟁하는 처지라 빠른 의사 결정이 필요하기도 했다.

K사장은 매도자가 제시한 가격에서 3.3m²당 500만 원 네고한 3.3m²당 5,500만 원이면 계약하겠다고 소개한 개업 공인중개사에게 통보했고, 매도자가 이를 승낙해서 소개받은 지 1개월 만인 2013년 6월 3일 총 62억 7,000만 원에 매입 계약했다. 잔금은 은행에서 60억 원을 대출받아 2013년 8월 13일 지급하고 소유권을 이전했다.

임차인들의 편의성에 주안점을 둔 빌딩을 건축하라

K사장은 빌딩을 신축하는 데 있어서, 이 부지가 전면이 4m 도로에만 접해있는 것과 일반상업지역이지만 지하 포함 연면적 2,000m²(605평) 미만으로 건축해야만 하는 단점을 보완하기 위해서 여러 가지 방법

을 강구했다.

첫째는 매입 예정자들의 선호도가 높은 고층 빌딩으로 신축하기로 결정했고, 둘째는 최대 지상 11층으로 건축하되 층마다 테라스를 설치해 661m²(약 200평)의 서비스 면적을 부가해 실질 연면적을 키웠으며, 셋째는 임차인들의 편의를 위해 엘리베이터를 옥상까지 운행하게 하고, 옥상에 특별한 전기조명시설을 설치해 파티 공간을 조성했다. 특히 1층은 커피숍에, 나머지 층은 업무시설에 임대하려는 계획하에 건축했다.

K사장은 2013년 10월 2일 착공해 1년 만인 2014년 10월 7일 연면적 1,996.57m²(603.96평, 지하 1층~지상 11층)의 빌딩을 준공했으며, 건축비는 25억 원이 소요됐다.

앵커테넌트(Anchor tenant, 우량임차인) 유치가 가능할까?

부동산 전문가인 K사장은 빌딩이 준공되기 6개월 전부터 강남 지역 임대만을 전문적으로 취급하는 컨설팅업체 및 신축 빌딩 주변 개업 공인중개사들에게 임대 중개를 부탁했다.

K사장은 빌딩이 신축이고, 여러모로 임차인의 업무 환경에 신경 써서 건축했기에 총 임대가는 임대보증금 5억 원, 월세 5,300만 원으로 정하고 이를 임대 전문 중개업체에 제시했다. 이는 K사장이 부지 매입 시부터 계획한 매각가격 130억 원에 대한 캡레이트(Cap Rate, 단순수익률) 5%에 해당하는 임대가격이었다.

임대 전문 컨설팅업체 직원들이나, 개업 공인중개사들의 빌딩에 대한 평가는 후한 편이었고, 임차를 위해 방문했던 임차 의향인들도 가격만 맞으면 임차 계약을 하겠다며 임대가격 네고를 원했다. 그러나 K사장은 당장에 임대되는 것보다 나중에 빌딩을 매각하는 것에 판단의 주안점을 둬 결정된 임대가격을 변동시키지 않았다.

그러던 중 1층을 제외한 전체를 임차하고, 거기에 자기회사 이익을 붙여 층별 재 임대 사업을 하는 업체가 임차 의향을 제안했다.

K사장은 싱글테넌트(Single Tenant, 단일임차인)의 디폴트리스크(Default Risk, 임대료가 들어오지 않음)를 매우 염려해서 제안서를 아주 신중하게 검토했다.

임차 제안 업체는 앵커테넌트(Anchor Tenant, 우량임차인)는 아니었지만 이런 방식으로 여러 건의 빌딩 재 임대 사업을 진행하고 있었고, 회사 재무 상황과 임차해 운영하고 있는 빌딩 등을 봤을 때 안정적인 임차인으로 판단됐다. 특히 K사장이 목표로 제시한 임대료를 충족해 주는 것이 마음에 들었다.

K사장은 빌딩 준공 2개월 후인 2014년 12월 1층은 이탈리안레스토랑에, 나머지 층은 제안서를 제출한 임차업체에 임대 완료했다. 임대 완료 후 임대보증금은 5억 6,000만 원, 월세는 5,300만 원이 됐다.

단, 지상 1층 입점업체인 이탈리안레스토랑은 임대차 계약 외에 제소전화해조서를 작성해 임대료가 연체되는 것에 대비했다.

매각가격은 캡레이트(Cap Rate, 단순수익률)를 기준으로

K사장은 임대가 완료되자 본격적으로 매각에 나서기 시작했다. 매각가격은 이미 임대 시에 130억 원으로 정해놓았지만 대지 시세가격과

건축비를 합하는 전통적인 빌딩 가격 평가 방법으로는 너무 비싸 보였다. 그래서 가격 산정이 이론적으로 뒷받침될 수 있는 근거를 만들어야 쉽게 매각될 수 있다는 것을 누구보다 잘 알고 있었기에 세밀하게 매각가격 산정을 연구하기 시작했다.

K사장의 매각가격 산정 기준은 첫째는 테헤란로 이면에 위치한 일반 상업지역 빌딩이니 3.3m²당 8,000만 원으로 건물은 3.3m²당 450만 원으로 계산했다. 둘째는 캡레이트로 계산해서 5%를 기준 삼아 가격을 산정했다. 셋째는 주변의 매매 사례를 감안하되 최고 가격을 기준으로 했다.

이런 방법으로 검토했을 때 첫 번째와 세 번째 산정 방법은 매입 의향자들의 입장에서 봤을 때 무리가 있어 보였으나, 두 번째 방법은 타당성이 있어 보였다.

2015년 초 K사장은 매각금액 130억 원으로 부동산 매매 시장에 내놨다. 예상한 대로 매입 의향자들은 가격이 비싸다고 매입을 주저했고, K사장은 매각을 빨리하고 새로운 빌딩 신축 사업을 하고자 한시적으로 가격을 120억 원까지 내렸으나 그래도 매각은 되지 않았다.

2015년에는 K사장 소유 빌딩보다 입지 좋은 강남 지역 수익용 빌딩들이 많이 팔려나갔고, 2016년 들어서자 좋은 매물 품귀 현상이 일어나고 있다는 주변 개업 공인중개사들의 얘기에 K사장은 본인의 신축 빌딩의 가격을 이전의 130억 원으로 다시 올려놓고, 월세가 안정적으로 들어오니 은행 대출이 많았음에도 매각을 서두르지 않았다. K사장은 이 빌딩을 담보로 은행 융자를 73억 원 사용하고 있었다.

그러던 중 2016년 11월 24일 서초동 소재 법무법인에서 매각대금을 일시불로 지불할 테니 매각가격을 5억 원만 네고해달라는 제안이 들어왔고, K사장은 3억 원을 네고한 127억 원에 매각했다.

매각 시 K사장은 매수 법무법인과 '사업 포괄 양도 양수 계약서'를 작성해 날인하고 건물분에 대한 부가가치세를 받지 않았다.

K사장의 투자 수익

K사장의 신축 빌딩 총 투자비는 91억 원(대지 구입비 62억 7,000만 원+건축비 25억 원+제세공과금 및 기타비용)이었으며, 은행 대출 73억 원을 제외한 순 현금 투자는 18억 원이었다.

K사장은 현금 18억 원을 투자해 2년 2개월 만에 임대료 수입을 포함해 총 42억 원(매각차익 36억 원+임대수익 6억 원)의 수익(세금공제 전)을 얻는 대박을 터트렸다.

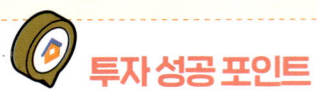 **투자 성공 포인트**

1. **신축 부지를 싸게 매입할 수 있는 협상력을 발휘했다.**
   - 등기부등본 검토와 소개한 개업 공인중개사의 설명을 종합 검토해 매도자의 위크포인트(Weak Point, 약점)를 찾았고, 이를 매입 협상에 활용해 부지를 시세보다 싸게 매입했다.
   - 능력 있는 개업 공인중개사를 만나서 가격 협상에서 유리한 입장을 유지했다.

2. **빌딩 건축 설계를 임대료 극대화에 뒀다.**
   - 부동산 전문가답게 매각을 주 포인트로 잡고 층마다 테라스를 설치해 661m²(약 200평)의 서비스 면적을 부가해 연면적을 키웠다.
   - 임차인을 위해 엘리베이터를 옥상까지 운행하게 하고, 옥상에 특별한 전기조명시설을 설치해 파티 공간을 조성했다.

3. **입지 및 용적률에 주안점을 둔 선택을 했다.**
   - 테헤란로 이면도로변의 전철역 출구와 가까운 상권 좋은 부지를 선택했다.
   - 용적률이 높고 고층을 신축할 수 있는 일반상업지역 부지를 선택했다.

4. **안정적인 임차인 선정으로 매각가격을 높게 받았다.**
   - 싱글테넌트의 디폴트리스크가 염려됐지만 구체적으로 임차인의 재무구조를 검토해 임차를 결정했으며, 이후 임차인으로부터 안정적인 고율의 임대료를 받음으로써 빌딩 매각가격을 높였다.

사업(부동산) 포괄 양도 양수 계약 조건 및 포괄 양도 양수 안 되는 경우

1. 개요

빌딩 매매에 있어서 건물분 부가가치세는 과세가 원칙(부가가치세법 제29조 제9항 및 부가가치세법 시행령 제64조)이다. 단, 사업장별로 그 사업에 관한 모든 권리와 의무를 포괄적으로 승계시키는 경우는 부가가치세를 납부하지 않는다(사업 포괄 양도 양수 계약서 작성 날인 제출).

2. 부가가치세를 납부하지 않는 요건

- 사업장별로 과세사업에 관련된 승계가 이뤄져야 한다.
- 사업에 관한 모든 권리와 의무가 포괄적으로 승계돼야 한다(단, 미수금, 미지급금, 업무와 무관한 부동산은 제외가 가능하다).
- 사업의 동질성이 유지돼야 한다.

3. 포괄 양도 양수가 안 되는 경우

- 금융기관, 의료기관 등 면세법인은 안 된다(단, 임대업만 양도 시 포괄 양도 가능).
- 겸업자가 일부 사용, 일부 임대인 경우 안 된다.
- 신축 판매용 건물만 인수하는 경우 안 된다.
- 임대 부동산과 보증금만 양도하는 경우 안 된다.
- 매도인이 임차인을 내보내는 조건으로 건물을 양도하는 경우 안 된다.
- 부동산 임대사업자가 그 부동산의 임차인에게 건물을 양도하는 경우 안 된다.

건축법 시행령 제28조(4m 도로 접, 연면적 2,000m² 미만 건축)

제28조(대지와 도로의 관계) ① 법 제44조 제1항 제2호에서 "대통령령으로 정하는 공지"란 광장, 공원, 유원지, 그 밖에 관계 법령에 따라 건축이 금지되고 공중의 통행에 지장이 없는 공지로서 허가권자가 인정한 것을 말한다.

② 법 제44조 제2항에 따라 연면적의 합계가 2,000m²(공장인 경우에는 3,000m²) 이상인 건축물(축사, 작물 재배사, 그 밖에 이와 비슷한 건축물로서 건축조례로 정하는 규모의 건축물은 제외한다)의 대지는 너비 6m 이상의 도로에 4m 이상 접해야 한다. 〈개정 2009. 06. 30., 2009. 07. 16.〉

[전문개정 2008. 10. 29.]

사업(부동산)의 포괄 양도 양수 계약서(양식)

부동산 소재지 :

양도자(이하 "갑"이라 칭함)가 소유하고 있는 상기 부동산에 관한 부동산 임대업 일체의 권리와 의무를 양수자(이하 "을"이라 칭한다)에게 포괄적으로 양도 양수함에 있어서 다음과 같이 계약을 체결한다.

다 음

제1조(목 적) 본 계약은 "갑"이 소유해 온 상기 부동산(이하 양도물건이라 칭한다)의 임대업을 "을"이 포괄적으로 양수하고자 하는 데 있다.

제2조(양도양수 기준일) 양도물건의 양도양수 시기는 매매 잔금일로 하고, "갑"의 폐업과 동시에 "을"은 일반과세사업자로 등록해 현 임대사업을 그대로 양수키로 한다.

제3조(양도양수 가액) "을"은 양도일 현재 양도물건의 총 매매대금을 "갑"에게 지급하고, 건물 분에 대한 부가가치세는 포괄 양도양수 하기로 한다(부동산 매매계약서 참조).

제4조(대금 지불조건) 대금지불조건은 부동산 매매계약서에 의한 계약대로 정산한다(매매 계약서 참조).

제5조(양도양수 물품) 양도양수 물품은 부착시설물 일체(공작물)와 현 시설상태의 비품 일체로 한다.

제6조(임대차의 승계) 본 양도양수에 따른 현 임대계약 내용은 "을"에게 자동 승계한다.

제7조(협조의무) "을"은 "갑"이 양도할 사업 등의 권리 의무를 성실히 이행하기로 하고 "갑"은 양도물건의 양도, 양수와 관련해 "을"의 소유권 이전에 필요한 전반적인 업무에 협조를 하여야 한다.

제8조(기타) 본 계약서에 정하지 아니한 사항은 "갑"과 "을"이 협의해 처리한다

본 계약을 증명하기 위해 "갑"과 "을"은 쌍방 간 날인해 각각 1부씩 보관한다.

2019년 월   일

양도자(갑)

    성명 :　　　　　(인)

    주소 :

양수자(을)

    성명 :　　　　　(인)

    주소 :

NPL 매입으로 최고의 행운 잡기 (1)

구 분	내 용		
명	NPL 매입으로 최고의 행운 잡기 (1)		
대지위치	서울시 서초구		
대지면적	1,473.7m² (445.79평)(1,096.6m², 377.1m²)		
지역/지구	일반상업지역, 제3종 일반주거지역		
건물구조	철근콘크리트구조		
건물규모	지하 1층~지상 7층		
건축면적	636.19m² (192.45평)	연면적	4,991.6m² (1,509.96평)
건폐율	58.01%	보증금	30억 원(예상)
용적률	396.14%	월세	1억 5,000만 원(예상)
냉난방	개별	관리비	2,765만 원(예상)
승강기	1대	주차	총 24대
공시지가	282억 9,228만 원	도로	30×30×15×8m 대로변 4면 코너
특 징	전철역 출구 접 / 감정가 460억 5,000만 원		
준공일	2000. 10. 24.	매각가격	368억 4,000만 원

지적도

기업 구조조정 NPL 빌딩을 찾아라

2008년 미국 발 세계 금융 위기의 파급은 국내 부동산 경기의 급격한 하락을 불러왔으며, 이는 건설업체 및 저축은행 등의 부실로 이어져 많은 기업이 어려움에 부딪쳤다.

그중 국내 시공 능력 34위로 수많은 아파트를 건설했던 W건설회사도 자금 사정이 어려워져 채권은행과 기업개선계획(Workout Plan)을 맺고 어려움을 타개하려 했다. 그러나 아파트 미분양이 계속 쌓이면서 자금 순환이 어려워 적자가 누적되고, 재무구조가 개선되지 않았던 W건설은 마지막 몸부림으로 2012년 법원에 기업회생절차(법정관리)를 신청했다.

이런 과정에서 W건설이 사옥으로 사용하던 서초구 전철역 사거리의 W건설 빌딩이 채권은행의 신청으로 경매가 진행됐고, 채권은행은 이 과정에서 NPL(Non Performing Loan, 부실채권)을 유동화회사에 매각했다.

이즈음 유명한 교육업체 M회사에 지분을 투자하고 일정 기간 후에 환가해 상당한 자산가가 된 45세의 H사장은 서울 강남 지역과 안양 두 군데에 빌딩을 구입해서 임대사업가로 승승장구하고 있던 차에, 가까운 지인과 공동으로 새로운 빌딩을 구입하려 매물을 찾고 있었다.

2013년 4월경 H사장은 강남 지역 빌딩 전문 부동산 중개법인들이 소개하는 여러 건의 빌딩을 검토하던 중에 서초구 전철역 사거리에 위치한 빌딩이 눈에 들어왔고, 자세히 파악해보니 W건설회사 사옥으로 경매에 들어간 사실을 알게 됐다.

그런데 이 빌딩을 소개한 빌딩 전문 부동산 중개법인의 S팀장은 본 건물을 경매를 통해서 확실하게 취득하면서 좀 더 저렴하게 매입할 수 있는 방법에 대해 설명했다. 즉, 유동화전문유한회사에서 가지고 있는 NPL을 매입해서 경매를 진행해 경락(競落)받는 것이었다.

장단점 및 확실한 취득 절차

H사장이 소개받은 빌딩은 대지 1,473.7m²(445.79평, 일반상업지역/제3종 일반주거지역), 연면적 4,991.6m²(1,509.96평, 지하 1층~지상 7층)로 법원 감정가가 460억 5,000만 원이었다.

이 빌딩의 장점으로 첫째는 전철역 출구에 접해있었다. 둘째는 유동인구가 많은 4면 코너 입지였다. 셋째는 해마다 많은 수의 로스쿨 변호사가 계속 배출되는 관계로 법원 앞 근생 빌딩의 공급 부족을 감안했을 때 미래가치가 뛰어나 보였다. 넷째는 빌딩이 일반상업지역에 위치했다.

단점으로 첫째는 주차장(377.1m², 114평)이 빌딩과 떨어져 있었고, 둘째는 채권자가 너무 많고 변제 금액이 너무 커서, 일반 매매는 어려웠고 경매 절차를 통해서만 매입이 가능하다는 것이었다.

이 빌딩의 최대 채권자는 은행에서 NPL을 매입한 W유동화전문유한회사였으며 이 회사가 보유한 이 NPL의 액면가는 445억 원이었다.

H사장은 경매에 참가해 이 빌딩을 매입하면 경쟁자도 많고, 매입 여부도 불확실하기 때문에 이 NPL을 매입해서 경매를 진행하고, 이후 경락 잔금과 채권을 상계(相計)한 후 취득하는 것이 확실하면서도 싸게 취득하는 방법이라고 인지했다.

H사장은 이런 방식의 빌딩 매입은 처음이라 약간의 두려움이 있었으나, 입지가 너무 좋고 싼 가격에 확실하게 취득할 수 있어서 공동 투자로 취득하기로 결정했다. 그래서 지인이면서 재력가인 C여사와 상의한 후 이 NPL을 가격 네고해 2013년 8월 385억 원에 매입 계약하고 계약금 10%를 지급했다.

H사장이 NPL 매입 계약 후 NPL 소유자인 W유동화전문유한회사는 계약 조건에 명시된 대로 잠시 중지해 놓았던 경매를 신속 진행했으며, H사장과 C여사는 2013년 10월 4일 경매 입찰보증금 40억 5,000만 원을 현금으로 납부하고 405억 원에 공동으로 경락받았다. 이후 경매 입찰보증금 이외 나머지 경락 잔금은 보유한 NPL로 상계시켰다(NPL 매입과 경락 잔금 지급 시 융자 320억 원 받음).

유명 업체들의 입점 요청 쇄도

H사장은 이 빌딩을 소개해 준 강남 지역 빌딩 전문 부동산 중개법인의 S팀장에게 시세에 맞는 임대료를 산정하고, 기존 임차인 중에 산정

된 임대료에 맞춰서 계속 사용할 임차인을 제외한 임차인들은 법원으로부터 인도명령을 받아 명도시키고, 특히 유명 커피숍과 외국계 유명 프랜차이즈 업체, 은행, 클리닉 등 최고의 업체들 위주로 입점시킬 것을 요청했다. 이에 따라 S팀장이 몇 군데 유명 임차업체에 연락하자 그들은 입지가 너무 좋아서 경쟁적으로 입점 의사를 피력했고, 이에 H사장은 선착순으로 임대차 계약을 체결했다.

입점한 업체는 세계 최고의 외국계 S커피숍, K치킨 및 햄버거 업체, 은행, 클리닉 등이었다. 임대가 완료된 2013년 12월 말일 기준으로 임대료는 보증금 30억 원, 월세 1억 5,000만 원, 관리비 2,765만 원이었다.

매각은 양도세 부담이 적은 시기를 선택하자

서초구 전철역 랜드마크 지역 4면 코너에 빌딩이 위치한 관계로 입점하려는 유명 업체들의 계속된 요청이 있었으며, 현재 입점한 임차업체의 인지도도 높아서 덩달아 빌딩의 가치도 많이 올라갔다.

강남 지역의 빌딩 전문 부동산 중개법인들은 시세를 700억 원(대지 3.3m²당 1억 5,000만 원, 건물 3.3m²당 200만 원 기준)으로 분석하고 적당한 수준에서 매각을 요청했다. 그러나 H사장과 C여사는 평생 보유가 아닌 투자 이익을 얻고자 하는 것이 목적이긴 하지만, 매각차익에 대한 양도세 납부를 줄이기 위해 매각 시점을 취득 후 3년 이후로 잡고서 매각하지 않고 있다.

H사장과 C여사는 2019년 적당한 시점에 만족스러운 매입가격을 제

시하는 매입자가 있다면 매각할 생각이며, 매각 이후에는 또 다른 빌딩에 투자할 예정이다.

H사장과 C여사의 예상 투자 수익

H사장과 C여사의 총 투자비는 410억 원(매입비 385억 원+제세공과금 및 기타비용)이었으며, 은행 대출 320억 원을 제외한 순 현금 투자는 90억 원이었다.

H사장과 C여사가 700억 원에 매각할 시 투자 수익과 임대료 수입을 포함하면 308억 원(700억 원-410억 원+임대료수입 18억 원, 금융이자 제외)(세금공제 전)을 얻을 수 있는 조건을 갖춘 것이다.

즉, 90억 원의 현금을 투자해서 약 3년 만에 308억 원을 얻는 대박을 터트릴 수 있게 된 것이다.

 **투자 성공 포인트**

1. **차별화된 빌딩 매입 방법을 사용했다.**
   - NPL을 매입해 빌딩을 취득하는 색다른 방법을 사용했다.
   - 정상적인 절차로는 매입할 수 없고 경매 절차로만 가능한 방법을 리스크에 대한 두려움 없이 진행했다.
   - 빌딩 전문 부동산 중개법인의 유능한 팀장을 만났다.

2. **최상의 입지 빌딩을 선택했다.**
   - 전철역 출구에 접하고 30m×30m×15m×8m 4면 코너에 위치했다.
   - 유동인구가 많은 상권 초입에 위치했다.

3. **임차업체들의 경쟁적인 입점 요청**
   - 앵커테넌트(Anchor Tenant, 우량임차인)를 입점시켰고, 임대료를 높여 캡레이트(Cap Rate, 단순수익률)를 상승시켜 빌딩 가치를 높였다.

4. **일반상업지역의 랜드마크 빌딩을 저렴하게 구입했다.**

NPL과 부동산 인도명령

1. NPL(Non Performing Loan, 부실채권)

채무자가 원리금을 제때 상환하지 않아 부실화된 대출채권을 말한다. 부동산을 담보로 잡은 채권과 무담보채권으로 나뉜다.

금융회사는 경영지표를 개선하기 위해 부실채권을 대출 원리금보다 저렴한 가격으로 자산관리회사 등에 매각한다. 개인은 자산관리회사로부터 담보 부실채권을 매입해 경매 이후 배당을 받거나 직접 낙찰받아 수익을 낸다.

그러나 2016년 7월 25일 개정된 '대부업 등의 등록 및 금융이용자 보호에 관한 법률' 제9조의4와 동법 '시행령' 제6조의4에 의해서 개인이 NPL을 사고팔 수 없게 됐다.

동법 및 시행령에 의해 NPL을 사고팔 수 있는 법인 및 기관은, 첫째 여신금융기관의 대부채권 매입, 추심업자로 등록된 대부업자, 둘째 '예금자보호법'에 따른 예금보험공사, 정리금융회사, 셋째 '금융회사 부실자산 등의 효율적 처리 및 한국자산관리공사의 설립에 관한 법률'에 따른 한국자산관리공사, 넷째 '한국주택금융공사법'에 따른 한국주택금융공사다.

2. 부동산 인도명령

법원 경매를 통해 부동산을 낙찰받은 사람이 대금을 완납하고 소유권을 취득했으나, 채무자나 점유자가 해당 부동산의 인도를 거부할 경우 부동산을 인도받기 위해 법원으로부터 받아내는 집행권원을 말한다.

이 부동산 인도명령은 낙찰자가 별도의 명도소송 없이도 강제 집행권원을 확보할 수 있으며, 명도소송에 비해 빠르게 부동산을 명도받을 수 있다는 장점이 있다.

그러나 인도명령을 받기 위해서는 낙찰자가 대금을 완납한 날로부터 6개월 이내에 잔금완납증명서를 첨부해 해당 법원에 신청해야 하며, 만일 이 기간이 경과하면 명도소송을 통해 집행해야 한다.

NPL 매입으로 최고의 행운 잡기 (2)

구분	내용		
명	NPL 매입으로 최고의 행운 잡기 (2)		
대지위치	서울시 서초구		
대지면적	631.2m² (190.94평)		
지역/지구	제3종 일반주거지역		
건물구조	철근콘크리트구조		
건물규모	지하 1층~지상 7층		
건축면적	301.23m² (91.12평)	연면적	2,180.82m² (659.7평)
건폐율	47.72%	보증금	8억 4,000만 원
용적률	280.26%	월세	3,560만 원
냉난방	개별	관리비	540만 원
승강기	1대	주차	총 26대
공시지가	22억 7,232만 원	도로	30×25m 대로변코너
특징	전철역 도보 8분 / 대로변 코너로 가시성이 뛰어남.		
준공일	1996. 6. 29.	매각가격	40억 원

강남 지역에서 시세 대비 50%의 대박 칠 빌딩을 찾아라

 IMF 사태가 몰고 온 경제 대란이 마무리돼 가던 2002년 초 모 세무 관련 기업에서 퇴직한 후 대치동의 주상복합 아파트에 거주하며 현금 수십억 원을 보유하고 있던 S씨는 서초동에서 세무사 사무소를 운영하면서 보유한 현금을 투자할 대상을 찾고 있었다.

 S씨는 세무 관련 기업 근무 시절 많은 자산가들의 요청 사항을 처리해주면서 강남 빌딩 매입이 최고의 자산 투자라는 결론을 얻었고, 이에 따라 강남 지역에 싸고 장래성 있는 빌딩 찾기에 나섰다.

 마음에 맞는 빌딩을 구하기 위해 본인 사무실 인근 개업 공인중개사 사무실과 신문에 게재된 빌딩 매물을 열심히 찾아 100여 개의 매물을 검토해봤지만, S씨의 까다로운 성격 탓에 그다지 마음에 드는 빌딩을 찾지 못했다. 특히 가격 면에서 시세 대비 50% 수준으로 가격이 아주 싼 매물을 찾으니 더욱이 어려웠다.

 이렇게 8개월이라는 시간을 보내던 S씨는 2012년 8월 M경제신문에 게재된 40억 원의 빌딩 매물을 발견했다. 본인이 검토해봤을 때 투자 대비 수익이 상당히 뛰어날 것 같았고, 빌딩이 대로변 코너에 위치하고 있어 아주 매력적으로 보였다.

 S씨는 이를 광고한 빌딩 매매 전문 부동산 컨설턴트에게 전화해 방문 상담을 하는 등 빌딩에 대해 자세히 파악했다. 그 결과 대구에 위치한 건설업체가 IMF 사태로 인해 부도가 났고, 이 부도업체에 금융기관이 가지고 있던 NPL(부실채권)을 환가하기 위해 싼 가격에 매각하는 건이었다. 이 NPL을 취득한 후 확보할 수 있는 자산은 서초구에 위치한

빌딩과 양질의 연대보증인들이 갚아야 하는 개인 채권이었다.

S씨는 이 NPL을 매입해서 빌딩을 확보하면 아주 싼 가격에 빌딩을 매입할 수 있음은 물론, 양질의 연대보증인들로부터 채권을 대위변제받으면 아주 적은 금액의 투자로 빌딩을 취득할 수도 있다는 설명을 듣고선, 처음 겪는 일이라 신중히 검토한 후 연락하겠노라고 했다. S씨는 서초동 자신의 세무사 사무실 인근의 변호사에게 자문한 결과, 아주 좋은 기회이니 즉시 매입하라는 조언에 따라 소개한 빌딩 매매 전문 부동산 컨설턴트에게 이 NPL 매입을 의뢰했다. 이 빌딩 매매 전문 컨설턴트는 NPL 보유 금융기관과 S씨를 미팅시키고 중개 컨설팅해 2002년 9월 7일 S씨가 이 NPL을 30억 원에 매입하게 했다.

빌딩의 매입 절차

S씨가 NPL을 매입해서 취득할 서초구 빌딩은 대지 631.2m²(190.94평, 제3종 일반주거지역), 연면적 2,180.82m²(659.7평, 지하 1층~지상 7층)의 유동인구가 많은 지역의 30×25m 코너에 있었으며, 시세는 60억 원으로 평가됐다.

또한 S씨가 매입할 NPL은 액면가가 185억 원이었으며, 연대보증인은 5명이 있었다.

NPL을 매입한 S씨는 중단된 이 빌딩에 대한 임의경매를 신속하게 진행해 2003년 6월 11일 1차 경매일에 경매 입찰보증금 10%를 지급해 경락받았고, 2003년 6월 16일 경락 잔금은 매입한 NPL을 상계시켜 지급했다(소유 NPL 60억 원 사용).

이후 나머지 125억 원의 NPL을 이용해 연대보증인들에게 채권을 변제하라는 소송을 제기했고, 이에 연대보증인들이 합의를 요청해 현금 15억 원을 변제받았다.

S씨는 나중에 이에 대해 후회를 많이 했다. 연대보증인들에게 15억 원밖에 회수하지 못한 것은 자신이 "공돈이 생겼다"는 안일한 생각에 내린 잘못된 판단이었고, 적어도 50억 원은 회수했어야 했다고 했다.

기존 임차인과 협상 및 새로운 임차인 선정

S씨는 컨설턴트를 잘 만나서 아주 헐값에 빌딩을 취득했지만 속으로는 여러 가지 트집을 잡아 컨설팅 수수료를 약속된 금액의 10%만 지급할 생각을 하고 있었다. 이에 컨설팅 업자는 법적인 절차밖에 해결할 방법이 없다고 확신하고 수수료 지급 소송을 제기했고, 소송 승소를 통해서 수수료를 받을 수 있었다.

S씨는 컨설턴트와의 소송으로 경매 취득한 빌딩의 임차업체들을 내보내고 또 새로운 임차업체들을 입점시키는 일을 전문 컨설턴트에게 맡길 수 없었다. 그래서 자신의 친척 중 성격 강한 조카를 관리소장으로 임명하고 그로 하여금 임차인들과 임대료 협상 등을 하게 했는데 순조롭지는 않아 시간이 많이 걸렸다.

그 과정에서 협상이 안 되는 임차업체는 법원에 인도명령 청구 등을 해 내보내고 새로운 임차업체를 입점시켜서 빌딩을 정상화했다.

결과적으로 빌딩 1층에는 대기업 가전제품점, 위층에는 클리닉과 사무실 등이 입점했다.

S씨의 예상 투자 수익

S씨의 총 투자비는 35억 원(NPL 매입비 30억 원+제세공과금+경매비용+선순위채권+중개수수료+기타비용)이었으나, 연대보증인들로부터 15억 원을 채권 변제받았으니 S씨가 현금 투자한 순수 금액은 20억 원이다.

이 빌딩은 S씨가 매입할 때 시세가 60억 원이었으니, 취득 당시에 벌써 40억 원의 이익을 본 셈이었다. 2018년 12월 시세는 150억 원으로 판단되므로 S씨는 임대료 수입을 포함해서 172억 원(매각 시 150억 원+임대료 수입 42억 원−현금 투자 20억 원)의 매각차익(세금공제 전)을 얻을 수 있다. 즉 20억 원의 현금을 투자해서 약 16년 만에 172억 원 이상을 얻는 대박이 예상된다.

여기에 26억 원의 은행 대출을 받은 것을 계산한다면, S씨는 자신의 계좌에서 현금이 나간 것이 아니라 오히려 6억 원이 들어온 것이라 할 수 있다.

 **투자 성공 포인트**

1. 시대적 상황을 잘 파악해서 양질의 NPL을 매입했다.
- 부동산 담보채권과 연대보증인의 연대보증 채권이 결합된 우량한 NPL을 매입했다.
- 빌딩을 취득하기 위한 절차인 경매 진행과 연대보증인에게 채권을 확보하는 과정에 실수가 없었다.
- 능력 있는 빌딩 매매 전문 컨설턴트를 만나서 모든 법률 행위를 잘 진행했다.

2. 입지 선택이 신의 한 수였다.
- 강남 지역 30m×25m 대로변 코너의 랜드마크 빌딩을 취득했다.

3. 최상의 임차업체 선정
- 처음에는 1층에 대기업 가전업체를 입점시켰으나 임차 만기 후 우량업체인 외국계 S커피숍을 입점시켰고, 위층에는 클리닉 위주로 임대함으로써 캡레이트(Cap Rate, 단순수익률)를 높이고 임대 안정성을 유지해 빌딩 가치를 최대로 상승시켰다.

주차장용지를 대박 빌딩으로 (1)

구 분	내 용		
명	주차장용지를 대박 빌딩으로 (1)		
대지위치	경기도 성남시		
대지면적	1,894.7m² (573.15평)		
지역/지구	제2종 일반주거지역, 주차장		
건물구조	일반철골구조, 철근콘크리트구조		
건물규모	지하 1층~지상 3층		
건축면적	1,510.2m² (456.84평)	연면적	5,036.38m² (1,523.5평)
건폐율	79.71%	보증금	6억 5,000만 원
용적률	225.93%	월 세	5,860만 원
냉난방	개별	관리비	실비
승강기	1대	주 차	총 100대
공시지가	46억 222만 6,300원	도 로	2×2×2×2차선 4면 코너
특 징	판교 아파트와 테크노밸리 중간에 위치		
준공일	2011. 08. 04.	매각가격	115억 원

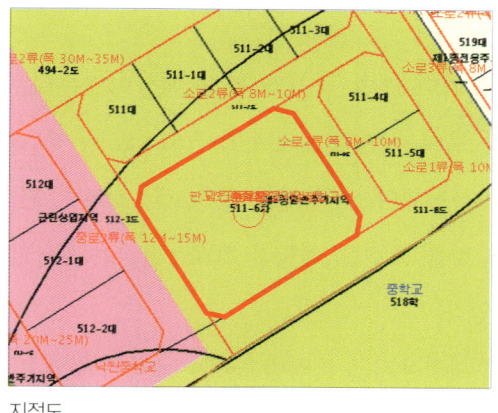
지적도

판교 신도시 개발 지역의 새로운 먹거리를 찾아라

판교 신도시는 서울 강남 지역의 주택 수요를 해결하고 일부 기능을 분담하고자, 284만 평의 대지에 29,700가구 등을 건설해 88,000여 명을 수용하기 위한 신도시 개발 사업의 일환이다. 2004년 10월 택지 조성 사업에 착수해 2009년 1월에 첫 입주가 이뤄졌다.

2008년 초경 분당에 거주하며 건설 및 임대업을 하고 있던 L사장은 개발되는 판교에서 새로운 사업 아이템을 검토한 결과, 한국토지주택공사(LH)에서 택지를 분양받아 단독주택을 건축해 분양하는 사업이 여러모로 괜찮을 것 같다는 생각을 했다. 그러나 시기적으로 주택 분양이 쉽지 않을 것 같다는 주변 지인들의 충고에 고민하던 중 주차장용지에 관심을 가졌다.

주차장용지 분양가는 상업용지 분양가보다 약 45% 저렴했고, 택지의 중심지역에 있었다. 또한 주변의 사무실 밀집지역과도 멀지 않은 4면 코너 입지를 가져서 매력이 있다고 판단하고 이를 분양받기로 결정했다.

주차장용지는 여러 개의 필지가 분양 대상이었는데, L사장은 그중에서 제일 좋아 보이는 면적 1,894.7m²(573.15평, 제2종 일반주거지역, 주차장)를 분양 신청했다. 분양가는 3.3m²당 664만 원이었고(총 38억 571만 6,000원) 지불 조건은 계약금 10%, 잔금은 6개월씩 네 번 분할 납부하는 것이었다.

L사장이 이 주차장용지를 분양받으려는 목적은 첫째는 전체 연면적의 30%는 상가로 건축해서 분양하고, 둘째는 나머지 주차장은 직접 운영해서 수익을 창출하다가 매각할 예정이었으며, 셋째는 이런 계획이 원활치 않으면 전체 임대 완료 후 수익용 빌딩으로 통매각하는 것이었다.

L사장은 2008년 6월 26일 분양 공고에 입찰했고 운 좋게 낙찰받았다. 2010년 5월 27일 마지막 잔금을 납부한 L사장은 이 부지에 지하 1층과 지상 1층은 근린생활시설로 지상 2, 3층은 주차장으로 계획해, 빌딩을 직접 시공해서 2011년 8월 4일 연면적 5,036.38m²(1,523.5평)의 지하 1층~지상 3층 빌딩의 준공을 완료했다.

L사장은 빌딩이 준공되기 전부터 지하 1층과 지상 1층은 상가로 일반 분양하려고 했다. 그러나 부동산 경기와 주변 여건을 검토한 결과 일반분양은 어렵다고 판단돼서 분양 계획을 백지화하고, 전체를 임대 놓아서 임대료를 받고 있다가 통매각하기로 결정했다.

주변에 어울리는 우량임차인 유치 전략

신축한 빌딩 주변은 아파트 및 단독주택의 주거밀집 지역이어서 유명한 프랜차이즈 업체 등이 입점할 최고 상권은 아니었으며, 그렇다고 아주 외진 상권 없는 지역도 아니었다.

L사장은 임차업체의 입점에 있어서 고려할 사항을 정했는데, 첫째는 장사가 잘돼 임차인들이 안정적인 임대료 납부를 할 수 있는 업종, 둘째는 인테리어 등의 투자비가 많이 들어가 임차인이 임대차 계약을 장기로 할 수 있는 업종, 셋째는 주변 인구를 흡수해서 임차업체 간 서로 경쟁보다는 상생할 수 있는 업종 등을 계획에 두고 찾았다. 결과적으로 이런 조건에 부합하는 것은 음식점 위주의 업체라고 판단했다.

L사장의 노력 하에 지하 1층은 대형 한우고기 음식점, 지상 1층은 네 부분으로 나눠 한식, 중식, 일식, 양식업체를 유치했고 2층, 3층, 옥상은 주차장으로 만들어서 일부를 벤처기업에 임대했다.

전체를 임대 완료했을 때, 임대보증금 6억 5,000만 원, 월세 5,860만 원이 됐다.

새로운 투자를 위한 매각

L사장의 주차장용지 신축 빌딩 주변으로 아파트 및 단독주택, 오피스 빌딩 부지가 개발돼 속속 입주하면서 상권은 점차 상승했고, 입주 임차인들은 장사가 잘돼 공실은 생기지 않았다. 이런 결과로 캡레이트(Cap Rate, 단순수익률)는 올라가니 빌딩 가치는 계속 상승했다.

L사장은 짭짤한 임대료 수입에 처음 생각과는 달리 매각에 대해서는 별로 생각이 없었는데, 판교 지역에서 또 다른 빌딩 신축 사업을 진행하는 중에 자금이 부족해 부득이 이 빌딩을 매각하기로 결정하고 매각

가격을 검토했다.

L사장이 생각한 매각가격 산정 기준은 첫째는 대지가격은 3.3m²당 1,500만 원(86억 원), 건축비는 3.3m²당 250만 원(38억 원)으로 계산해 총 매각가격은 124억 원으로 산정했고, 둘째는 캡레이트(Cap Rate, 단순수익률) 6% 이상을 기준으로 해 매각가격 120억 원이 나왔으며, 셋째는 주변의 매매 사례를 감안해 산정하는 것이었다.

이런 기초 자료에 의해서 나온 가격에서 주차장용지라는 핸디캡을 감안해 약간 감액한다면, 가장 합리적인 매각가격은 115억 원이었다.

L사장은 2014년 8월 매각가격을 115억 원으로 해 부동산 매매 시장에 매물로 내놓았고, 1년 뒤인 2015년 8월 한남동에 거주하고 노후 임대수익을 얻기 위한 수익용 빌딩을 찾고 있던 K회장에게 8억 원을 할인해서 107억 원에 매각했다.

L사장의 투자 수익

L사장의 주차장 빌딩 신축 총 투자비는 75억 원(대지 구입비 38억 571만 6,000원+건축비 35억 원+제세공과금 및 기타비용)이었으며, 순 현금 투자는 28억 5,000만 원(총 투자비 75억 원-은행 대출 40억 원-임대보증금 6억 5,000만 원)이었다.

L사장은 4년 만에 임대료 수입을 포함해 총 43억 원(매각차익 32억 원+임대수익 16억 8,000만 원-금융이자 5억 8,000만 원)의 매각차익(세금공제 전)을 얻는 대박을 터트렸다.

 **투자 성공 포인트**

1. 주차장용지 선택
- 주차장용지에 대해 지금보다 관심이 많지 않던 시기에 선택하는 선견지명이 있었다.
- 매입대금을 2년 동안 6개월씩 네 번에 걸쳐 분할 납부하는 조건으로 분양받아 자금 부담이 적었다.
- 매입가격이 상업용지보다 45% 저렴했다.
- 2차선으로 4면이 둘러싸여 있어 접근성이 좋았고, 가시성이 뛰어났다.
- 주차장을 70% 건축하고, 상가는 30%를 건축하는 관계로 건축비를 절약할 수 있었다.

2. 성공을 잉태한 입지 선택
- 주거밀집 지역과 사무실밀집 지역이 혼재하는 지역이었고, 향후 상권 전망도 양호했다.

3. 계획적인 입점업체 선정
- 임차업체 입점을 잘 계획해 안정적이고 현금 유동성이 좋은 깔끔한 각종 음식 업체를 선정했다.
- 임차업체가 주변 상황과 잘 어울려서 임대료를 최상으로 받을 수 있었다.

4. 캡레이트(Cap Rate, 단순수익률)를 높임으로써 매각 시 좋은 가격을 받을 수 있었다.

주차장용지를 대박 빌딩으로 (2)

구 분	내 용		
명	주차장용지를 대박 빌딩으로 (2)		
대지위치	경기도 용인시		
대지면적	1,354.5m² (409.74평)		
지역/지구	제2종 일반주거지역, 주차장		
건물구조	일반철골구조		
건물규모	지상 5층		
건축면적	1,184.69m² (358.37평)	연면적	5,902.79m² (1,785.59평)
건폐율	87.46%	보증금	5억 2,000만 원
용적률	435.79%	월 세	3,100만 원
냉난방	개별	관리비	292만 원
승강기	1대	주 차	총 59대
공시지가	17억 5,700만 원	도 로	12×12×12×12m 4면 코너
특 징	대학 정문 앞 먹자 상권		
준공일	2010. 04. 08.	매각가격	63억 원

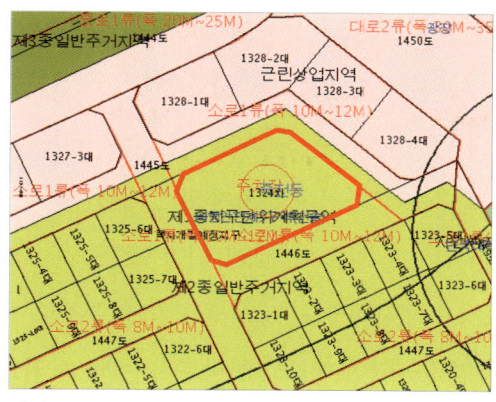
지적도

개발해 분양할 알짜 땅을 찾아라

2001년도에 용인 죽전지구에 택지 및 상업용지 3,570,248m²(108만 평)를 대규모로 조성해 분양한다는 정부 정책 발표가 있었다. 그 당시 시행사를 운영하고 있던 42세의 K사장은 이번 기회에 이 지역에서 큰 돈을 벌어야겠다고 생각하고 알짜 땅 찾기에 나섰다.

아파트 개발부지를 분양받아서 개발하면 좋겠지만, 그 규모가 대형이라 자금 사정이 거기에 미치지 못한 K사장은 2002년 3월 조그만 상업지역 부지를 분양받아 주상복합 건물을 올리려고 한국토지주택공사의 세부 공고 내역을 열람했다. 공고 내역을 세심히 살펴보던 K사장은 중심상업지역 분양가의 46% 수준의 주차장용지가 동시에 분양되고 있는 것을 발견하고 검토하기 시작했다.

주차장용지라도 연면적의 30%는 근린생활시설을 건축해 분양하고, 나머지 70%는 주차장을 건축해 직접 운영하거나 매각할 수 있어서 자본력이 약한 K사장에게는 매력적인 상품이었다.

그래서 K사장은 중심상업지역을 매입하는 것과 주차장용지를 매입하는 것, 어떤 선택이 바람직한지를 고민했고, 중심상업지역과 주차장용지를 개발해서 일반분양했을 때의 수지를 분석했다. 그 결과 중심상업지역 부지를 매입하는 가격이 주차장용지 매입가격의 2배가 넘는 데 비해서 분양해서 남는 수익은 1.5배가 되지 않았다.

결국 K사장은 선 투자비용도 적게 들어가고 수지도 보다 좋은 주차장용지 개발 사업을 하기로 하고, 한국토지주택공사의 일반분양 주차장부지 중 한남동에 있던 D대학교가 이전한다는 지역의 근린상업용지 내 4면 코너 입지의 주차장용지를 분양받아 개발할 것을 계획했다.

주차장용지의 개발 방안을 검토하라

K사장이 분양받고자 하는 부지는 한남동에서 이전해 오는 D대학교의 정문 앞에 위치했는데, 분양 면적 1,354.5m²(409.74평, 제2종 일반주거지역, 주차장)에 분양가는 3.3m²당 232만 원이었고(총 9억 5,059만 6,800원) 지불 조건은 계약금 10%, 잔금은 6개월씩 다섯 번에 걸쳐 분할 납부하는 것이었다.

일반 경쟁 입찰이었으나 K사장은 운 좋게도 낙찰돼 2002년 6월 7일 매입 계약했고, 우여곡절 끝에 약 4년 8개월 만인 2007년 1월 29일 잔금 납부를 완료했다.

자금 사정이 좋지 않았던 K사장은 잔금 납부 이후 이 부지를 차익을 남기고 그대로 매각하는 것과 직접 건축해 상가는 분양하고 나머지 주차장은 직접 운영하는 방안을 검토했으나, 경기 부진으로 부지 매각은 차익이 별로 발생하지 않을 것으로 판단돼 직접 건축하기로 했다.

그러나 대학 이전이 순조롭지 않아서 주변 상권이 형성되지 않았고, 부동산 경기도 어려워 상가 분양이 제대로 되지 않을 것 같아 일단 건축하고 전부 임대를 놓기로 기존 결정을 변경했다.

K사장은 이 부지 취득 후 3년 2개월 만인 2010년 4월 8일 어렵게 건물을 준공(연면적 5,902.79㎡, 1,785.59평, 지상 5층) 완료한 후 임대를 놓기 시작했다.

경쟁적으로 입점을 희망하는 임차인들

K사장은 건축비를 절약하고 분양도 원활하게 하기 위해 빌딩의 상가는 1층을 14개로 2층은 1개로 해서 총 15개로 나눴고, 나머지 2층부터 5층까지는 주차장으로 건축했다.

그러나 분양하지 않고 임대한다는 소문이 나자 준공되기 전부터 임차 희망 업체들이 서로 입점 경쟁을 했다.

그 이유로 첫째는 입지가 종합대학교 정문 앞 상가밀집 지역이고 주변에 대단위 아파트가 입주해 상가 이용 인구가 많았으며, 둘째는 임대 상가는 한 군데를 제외하고 전체가 1층이었는데 이 지역 대부분의 1층 상가는 권리금이 붙어있었으나 이 빌딩 상가는 신축이라 없었으며, 셋째는 4면이 12m 도로에 접해있어 접근성이 좋고 가시성이 뛰어났으며, 넷째는 주차장 빌딩이라 자주식 주차면적이 넓어 차량을 이용하는 상가 고객들에게 다른 상가보다 나은 주차 편리를 제공해, 장사가 잘될 것이라 생각돼서였다.

임대는 순식간에 마감됐다. 1층에는 국내 최고의 유명 커피숍과 각종 음식점 13개 업체가 입점했고(1개 업체는 2개의 상가 사용), 2층에는 학생들이 자주 찾는 포차 형태의 소줏집이 입점했다.

전체 임대가 완료됐을 때 총 임대료는 보증금 5억 2,000만 원, 월세 3,100만 원, 관리비 292만 원이었다.

새로운 먹거리를 위한 매각

2013년 초 K사장은 새로운 부동산 개발 사업 투자를 계획해 이 빌딩을 매각해서 투자 재원으로 사용하기로 하고 매각가격을 산정했다.

매각가격 산정은 캡레이트(Cap Rate, 단순수익률)와 토지가격, 건물가격 등을 참조했으며, 주변 개업 공인중개사들로부터 자문을 받은 결과 65억 원이 적당하다는 결론이 나서 65억 원에 매도한다고 부동산 매매시장에 내놓았다.

그러나 매입 예정자들이 검토는 많이 했으나 이 빌딩의 명확한 장단점으로 인해 쉽게 결정하지 못하고 망설였다.

이 빌딩의 장점으로 첫째는 매각가격 대비 캡레이트가 좋고(6.22%), 둘째는 공실이 쉽게 생기지 않았으며, 셋째는 상권이 대학가 상권과 아파트 밀집 상권이 중복되는 복합 상권이었다.

반면에 단점은 연면적 중 주차장이 70%를 차지하는데, 주변에 무단 주차를 하더라도 관공서에서 단속하지 않는 관계로 주차장 영업이 잘 되지 않는 것이었다.

K사장은 장점이 많아서 2, 3개월 이내에 매각되리라고 생각했지만

예상과 달리 쉽게 매각되지 않아서 새로운 사업을 진행하지 못했고, 심적으로 많이 어려웠으나 기다릴 수밖에 없었다.

그러던 중 매물로 내놓은 지 1년 10개월 만인 2014년 10월 1일 빌딩 소재지와 가까운 곳에 거주하는 공직 은퇴자인 K씨에게 5억 5,000만 원이 할인된 59억 5,000만 원에 매각했다.

K사장의 투자 수익

K사장의 주차장 빌딩 신축 총 투자비는 40억 원(대지 구입비 9억 591만 6,800원+건축비 30억 원+제세공과금 및 기타비용)이었으며, 순 현금 투자는 4억 8,000만 원(총 투자비 40억 원−은행 대출 30억 원−임대보증금 5억 2,000만 원)이었다.

K사장은 순 현금 4억 8,000만 원을 투자해 7년 8개월 만에 임대료 수입을 포함해 총 25억7,000만 원(매각차익 19억 5,000만 원+임대수익 11억 원−금융이자 4억 8,000만 원)의 매각차익(세금공제 전)을 얻는 대박을 터트렸다.

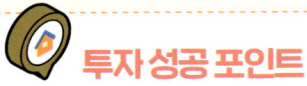 **투자 성공 포인트**

1. **주차장용지를 선택했다.**
   - 중심상업지역 분양 가격 대비 46%인 주차장용지를 선택했다.
   - 매입대금은 2년 6개월 분할 납부가 가능했다.
   - 서울에서 이전하는 종합대학의 정문 앞 부지였다.
   - 상업지역에 붙어있었고, 12m 도로가 4면으로 둘러싸고 있어 상가에 진입하는 동선이 우수했다.
   - 공사비가 많이 들어가는 지하 공사를 생략하고, 지상으로만 건축해서 건축비를 상당 폭 절약했다.

2. **현금 유동성이 좋은 수익용 빌딩으로 계획했다.**
   - 1층에 14개의 상가를 배치해서 캡레이트(Cap Rate, 단순수익률)를 높였고, 현금 유동성을 좋게 했다.
   - 임차업체는 대학생 및 주변 아파트 주민들이 주로 많이 이용하는 식음료업체 위주로 입점시켰다.
   - 처음에는 상가에 권리금이 없었으나, 전체 입점 후 권리금이 형성돼 공실이 없었다.

CHAPTER 02

가치 증대 형태의 투자
(밸류애디드, Value-added)

"대박은 1%의 아이디어와 99%의 실행이다"

_어느 좋은 글에서

앵커테넌트(Anchor Tenant) 빌딩

구 분	내 용		
명	앵커테넌트(Anchor Tenant) 빌딩		
대지위치	서울시 양천구		
대지면적	428㎡ (129.47평)		
지역/지구	준주거지역		
건물구조	철근콘크리트구조		
건물규모	지하 1층~지상 2층		
건축면적	256.62㎡ (77.88평)	연면적	710.72㎡ (214.99평)
건폐율	59.96%	보증금	6억 원
용적률	113.75%	월 세	4,450만 원
냉난방	개별	관리비	실비
승강기	무	주 차	
공시지가	42억 3,720만 원	도 로	45×25m 대로변 코너
특 징	전철역 출구 접		
준공일	1981. 07. 03.	매각가격	120억 원

구(舊) 빌딩 사진(2011년 4월)

유동인구가 차고 넘치는 알찬 빌딩을 찾아라

최고의 상권에 위치한 빌딩을 사서 리모델링하고 임대료를 올려서 재임대한 후 적절한 시점에 매각해서 많은 돈을 벌고 있는 친구를 부러워하던 K회장은, 2012년 초부터 여기저기 개업 공인중개사 사무소를 기웃거리며 대지는 적어도 좋으니 상권이 아주 좋은 위치의 60억 원 이하 빌딩을 소개해달라고 요청했다. K회장은 골프 치는 것을 너무도 좋아해 필리핀에 주택을 마련해 놓고 골프를 치러 수시로 다녔는데, 좋은 빌딩이 나왔다고 연락이 오면 즉시 귀국해서 검토하는 등 상권 좋은 입지의 빌딩 매물을 찾는 데 심혈을 기울였다.

K회장이 찾는 빌딩의 조건은 첫째는 서울 지역 전철역에서 가까워야 한다. 둘째는 유동인구가 많아서 어떤 종류의 업소든지 영업이 잘돼야 한다. 셋째는 빌딩의 대지 크기는 그다지 중요하게 생각 않는다. 넷째는 빌딩이 건축한 지 오래돼 매매가격 산정 시 건물 가치를 계산하지 않는 리모델링해야 하는 것이 좋다. 다섯째는 임차한 지 오래돼 명도가

순조로운 업체가 입점한 빌딩이어야 한다. 물론 가격이 저렴해야 함은 당연한 조건이었다.

K회장은 서울 여러 지역의 매물을 개업 공인중개사들로부터 소개받았으나 매입 조건이 너무 까다로워 쉽게 만족하지 못했다. 심지어 개업 공인중개사들로부터 매입할 고객이 아닌 물건만 빼가는 브로커라고 누명을 쓰기도 했다.

그러던 중 2012년 9월 초 강남 지역 빌딩 전문 부동산 중개법인 K팀장으로부터 지하철 5호선 목동역 출구에 위치한 대지 428m²(129.47평, 준주거지역), 연면적 710.72m²(214.99평, 지하 1층~지상 2층)의 80억 매물을 접할 수 있었다. 검토 결과 지금까지 K회장이 소개받은 매물 중 최고라고 여기고 검토에 들어갔다.

오랜 시간 발품 팔아 찾은 보석

K회장의 판단에 이 매물은 본인이 매입을 위해 나름 선정한 앞의 다섯까지 조건에 잘 맞았으며, 더욱더 좋은 점은 예상보다 대지가 커서 매각차익을 얻는 데 유리하다는 것이었다.

K회장은 이 빌딩을 매입해서 리모델링하면 입지 등 여러 가지 조건이 유명 프랜차이즈 업체를 유치하는 데 어려움이 없을 것 같았고, 임대료도 지금보다 1.5배는 올려 받을 수 있다고 예상했다. 이렇게 된다면 빌딩의 캡레이트(Cap Rate, 단순수익률)가 높아지니 나중에 매각할 시 상당한 투자 수익도 얻을 수 있다고 판단하고 적극적으로 매입을 추진했다.

그러나 원래 찾던 빌딩 금액보다 20억 원이 초과한 매매금액이라 융자를 받아도 현금 투자액이 부족했던 K회장은 공동 매입을 결정하고, 누나에게 설명 후 공동 투자하기로 했다.

이후 매입하기 위해 계약금을 들고 매도자와 만난 K회장은 건물이 너무 낡은 이유를 들어 2억 5,000만 원을 할인해서 77억 5,000만 원에 계약하고, 2012년 10월 18일 잔금 지급을 완료했다(융자 30억 원, 현금 투자 41억 5,000만 원, 임대보증금 6억 원).

유명 프랜차이즈 유치 전략

K회장은 빌딩 매입 이후 평소 알고 지내는 강남 지역 임대 전문 컨설팅업체 직원에게 유명 프랜차이즈 업체들을 유치할 예정이니 임차 의향이 있는지를 알아봐달라고 요청했고, 그중 외국계 B햄버거업체가 제일 적극적으로 좋은 조건의 임차 의향을 제시했다.

이에 2013년 3월 기존 2층에 임차해있던 치과와 1층 일부 업체를 계약 해지하고, 1층 일부와 2층 전체에 외국계 B햄버거 프랜차이즈 업체를 입점시켰다. 또한 임차인 중 1층 전체를 사용하던 유명한 생활용품 유통기업인 D업체의 위치를 지하 1층 및 지상 1층 일부로 옮기고 임대료도 상향 조정했다.

상권이 좋은 지역이라 임차업체를 조정하고 월세를 올려도 기존 주요 임차인들은 다른 곳으로 이전하지 않고 계속 영업을 했다. 이로써 전체 임대료는 임대보증금 6억 원, 월세 4,450만 원이 됐다.

특히 유명 외국계 프랜차이즈 업체가 많은 부분을 사용하는 관계로 빌딩의 인지도가 많이 올라갔다.

매각하라는 수많은 제안에 행복감 가득

K회장은 짭짤한 임대수익이 안정적으로 들어오니 골프도 예전보다 스코어가 좋아졌고, 지인들과 필리핀 등 동남아시아 골프 투어를 다니며 마냥 행복해했다. 그런데 주변 개업 공인중개사들이 싼 가격에 매입한 빌딩이니 어느 정도 차익만 붙여주면 K회장이 팔 거라고 믿고 좋은 가격을 받아줄 테니 매각하라고 아우성이었다. 그러나 K회장은 빨리 매각했을 경우 양도세 부담도 많고 월세도 꼬박꼬박 잘 들어오니 급히 매각할 필요성은 느끼지 않았다.

그러던 중 매입 3년째 해인 2015년 초에 들어서니 양도세 부담은 줄고, 주변의 개업 공인중개사들의 매각 요청은 더욱 많아졌다. K회장은 빌딩을 매입한 목적이 평생 소유가 아닌 투자차익을 실현하고 이를 다시 재투자하려는 것이었다는 걸 상기하고, 누나와 진지하게 상의 후 매각을 결정하고 매각가격 산정에 들어갔다.

K회장이 고려한 매각가격 산정 기준은 첫째는 대지를 3.3m²당 9,000만 원으로 계산했고, 둘째는 앵커테넌트(Anchor Tenant, 우량임차인) 빌딩이니 캡레이트(Cap Rate, 단순수익률)가 평균보다 조금 낮아도 고객들이 매입할 것이라고 예상하고 4%대 중반으로 계산해 매각가격을 정했다.

이렇게 산정했을 때 매각 예상가격은 115억 원에서 120억 원이었고, 급할 게 없는 K회장은 120억 원에 부동산 매매 시장에 내놨다. 이때 의리가 있던 K회장은 이 빌딩을 매입하게 해준 강남 지역 빌딩 전문 부동산 중개법인의 K팀장에게 매각 전속 중개권을 줬다.

그러나 관심이 많은 매입 의향자가 부동산 등기부등본을 열람해보고 K회장이 이 빌딩을 77억 5,000만 원에 매입한 것을 알았고, 빌딩의 위치와 임차인들은 마음에 들고 좋으나 매각가격이 너무 비싸니 100억 원으로 가격 네고를 요청했으나 K회장은 이를 단호히 거절했다.

그래도 매물이 좋다고 매입 의향자들 사이에 소문이 많이 났고, 수시로 개업 공인중개사들이 매각 문의 차 K회장 집으로 찾아왔다. 이들이 집으로 찾아올 때마다 K회장은 전속 중개컨설턴트 K팀장을 찾아가라고 돌려보냈다. 이런 과정이 수없이 반복되다가 전속 중개를 준 K팀장이 소속된 강남 지역 빌딩 전문 부동산 중개법인의 K실장이 오래된 본인 고객인 증권사 애널리스트 P씨에게 매입 요청을 했다. P씨는 빌딩 답사 검토 후 가격을 제외한 모든 점이 마음에 드니 가격을 네고해달라고 했고, 이에 K회장은 5억 원을 할인해서 2015년 10월 P씨에게 115억 원에 매각했다.

K회장의 투자 수익

K회장의 빌딩 총 투자비는 매입금액과 제세비용 등을 포함해서 75억 6,000만 원(77억 5,000만 원+취득세 및 기타비용−임대보증금 6억 원)이었으며, 은행 대출금을 제외한 현금 투자 금액은 45억 6,000만 원이었다(75억 6,000만 원−은행 대출금 30억 원).

K회장은 3년 만에 현금 투자 45억 6,000만 원에 임대료 수입을 포함해서 45억 원(매각차익 33억 원 임대료 수입 12억 원 금융이자 제외)의 매각차익(세금공제 전)을 얻는 대박을 터트렸다.

 **투자 성공 포인트**

1. **철저한 입지 추구형 투자가 성공의 열쇠였다.**
   - 전철역에 접하고 45×25m 코너 입지로 가시성이 뛰어났다.
   - 준주거지역의 랜드마크 빌딩이었다.

2. **앵커테넌트(Anchor Tenant) 유치 전략**
   - 사전에 계획한데로 외국계 유명 프랜차이즈 업체를 2층 위주로 입점시켰다.
   - 기존 임차업체들을 캡레이트를 높이는 방향으로 재구성했다.
   - 빌딩 가치가 높아져 매각 시 높은 매각차익을 거뒀다.

3. **법인의 구조조정 빌딩을 시세보다 저렴하게 구입했다.**

4. **주변 상권이 급속도로 발전해 유동인구가 증가했다.**

의사 부부의 재산 증식 넘버원, 투자

구분	내용		
명	의사 부부의 재산 증식 넘버원, 투자		
대지위치	서울시 서초구		
대지면적	349.30m²(105.66평)		
지역/지구	제3종 일반주거지역		
건물구조	철근콘크리트구조		
건물규모	지하 1층~지상 5층		
건축면적	173.63m²(52.52평)	연면적	1,114.59m²(337.16평)
건폐율	49.708%	보증금	4억 1,000만 원
용적률	232.84%	월 세	2,850만 원
냉난방	개별	관리비	795만 원
승강기	1대	주 차	총 7대
공시지가	22억 3,202만 7,000원	도 로	10×6m 코너
특 징	전철역 도보 3분 거리		
준공일	1990. 12. 15.	매각가격	100억 원

Section 01 부동산 투자 유형에 따른 분류

구(舊) 빌딩 사진(2009년 5월)

재산 증식의 넘버원은 빌딩 투자다

의사 부부인 41세의 S원장과 37세의 L부원장은 월급제 의사와 개업의로 10년째 의사 생활을 해오면서 어느 정도 재산을 모았다. 이들 부부는 재산을 불리는 가장 쉬운 방법은 빌딩에 투자하는 것이라는 S원장 부친의 조언에 따라 휴일마다 이를 실천할 빌딩을 찾아 나섰다.

강남 지역의 빌딩 전문 부동산 중개법인으로부터 6개월 동안 수십 건의 빌딩 매물을 소개받았는데, 처음에는 어떤 빌딩이 좋고 어떻게 선택을 해야 할지 몰랐지만 6개월 이후부터는 점차 선택하는 나름의 기준이 생겼다.

S원장이 찾고자 하는 빌딩 선택의 기준은 첫째는 저렴한 가격을 추구해서 건물 값을 계산하지 않고 대지가격만으로 살 수 있는 허름한 빌딩, 둘째는 개통된 전철 역세권 빌딩은 비싼 관계로 현재는 전철역이

없어도 향후 전철역이 개통될 예정인 지역과 가까운 빌딩, 셋째는 자택인 반포와 가까운 강남대로 이면에 위치한 빌딩, 넷째는 캡레이트(Cap Rate, 단순수익률)가 4% 이상인 빌딩, 다섯째는 매입가격이 50억 원 이내인 빌딩 등이었다.

이러한 매입 기준을 세워서 빌딩을 찾으니 한결 편안해졌다. 그렇게 빌딩 매입에 집중하던 2008년 가을 강남 지역의 빌딩 전문 부동산 중개법인으로부터 반포의 집과 가깝고, 강남대로 이면 코너이며, 향후 개통되는 9호선 신논현역에서 가까운 지역에 위치한 허름한 빌딩을 55억 원에 소개받았다.

이 빌딩은 1층에는 허름한 조개 전문 일본식 음식점이 있었고 다른 층은 PC방, 고시원 등이 입점돼있는 등 빌딩 상태는 마음에 들지 않았으나 상권이 좋았고, 대지 모양이 코너였다. 또한 유명한 정형외과 병원이 앞쪽 대로변에 신축되고 있어서 향후 리모델링을 거쳐 임차인으로 1층에 프랜차이즈 업체를 유치하고, 위층에는 정형외과 관련 클리닉 등 깔끔한 업체를 입점시키면 빌딩 가치가 대폭 상승할 거라 생각됐다.

S원장은 55억 원에 매각한다는 대지 349.3m^2(105.66평, 제3종 일반주거지역), 연면적 1,114.59m^2(337.16평, 지하 1층~지상 5층)의 빌딩이 허름하다는 것을 강조하며 매도자와 협상해 2억 원을 할인한 53억 원에 2008년 10월 27일 매입 계약하고, 동년 12월 29일 잔금을 지급하고 취득했다(융자 20억 원, 현금 투자 30억 원, 임대보증금 3억 원).

리모델링 후 프랜차이즈 업체를 유치하라

S원장은 빌딩 매입 후 리모델링 절차를 진행하기 위해 임대차 계약 만료일의 임차인들과 재계약을 하지 않으면서 점차 명도를 진행했고, 매입 빌딩 옆쪽 대로변에 대형 정형외과 병원이 신축 개원한 시점인 2012년 3월에 빌딩을 매입한 후 들어온 임대료 수입금 중 일부를 투입해서 전체 리모델링을 했다.

리모델링을 하는 동안에 강남 지역 임대 전문 컨설팅업체 직원들이 임대에 대해 계속 컨설팅을 해줬고, 이에 S원장은 1층에 유명한 프랜차이즈 업체, 다른 층에는 깔끔한 업체를 입점시켜 달라고 했다.

이런 과정을 거쳐 1층에는 P프랜차이즈 업체가, 2층에는 치과와 미용실, 3~5층에는 옆쪽 대형 정형외과 병원 별관을, 지하에는 노래방을 유치했다.

2012년 말경에는 임대가 완료돼 임대 보증금 4억 1,000만 원, 월세 3,645만 원의 준수한 빌딩이 됐다.

가격이 만족스러우면 매각은 언제나 할 수 있다

S원장과 L부원장은 의사 부부인 관계로 일반 직장인과는 비교할 수 없을 정도의 일정한 수입이 있어 은행 대출을 최대한 이용한 부동산 투자를 선호하는 편이었고, 본인의 선택 기준치에 맞는 빌딩 매물이 나오면 적극적으로 검토해 매입하려 했다.

S원장이 매입한 이 빌딩은 안정적인 임대수익이 나오고는 있었으나

이면도로에 위치하고 있어 S원장이 이 빌딩으로 병원을 옮기기에는 가시성이 떨어져 어려움이 있었고, S원장은 항상 저렴한 가격의 강남대로변 빌딩 매물을 찾고 있었다.

그러던 중 2013년 8월 강남대로변에 전면이 적게 붙은 자루형 토지 형상을 한 빌딩 매물이 시세 대비 70% 수준으로 시장에 나오자, 이를 매입하기 위한 자금 확보에 나섰다. 이에 본인 소유의 이 빌딩을 매각해서 투자차익을 얻고, 이를 이용해 강남대로변 빌딩을 매입하려 했다. S원장은 이런 본인 의견에 대해 부인의 동의를 구한 후 2014년 4월 이 빌딩을 100억 원에 부동산 매매 시장에 내놨다.

그러나 매입가격이 비싸다고 생각한 매입 예정자들은 매입할 생각을 하지 않았다. 그렇다고 매월 빌딩의 월세와 직업 특성상 수입금이 많이 들어오는 S원장은 이 빌딩을 매각하지 않더라도 새로운 빌딩을 매입할 수 있다고 계산해 가격을 낮춰 매각하려고 하지는 않았다.

S원장은 강남대로변 자루형 빌딩은 꼭 사서 신축하겠다고 결정해서 그동안 모아 놓았던 자금과 많은 은행 대출을 이용해서 매입했고, 매입 후 일정 시간 임차인 명도를 거쳐 고층 빌딩을 신축했다.

신축 시 많은 자금이 들어가서 자금 압박이 계속되자, S원장은 기존 빌딩 매각가격을 90억 원으로 10억 원 낮췄고, 2016년 3월 상속받은 자산으로 강남 지역 수익용 빌딩을 찾고 있던 서초동에 거주하는 P여사에게 90억 원에 매각했다.

S원장의 투자 수익

S원장의 빌딩 매입 총 투자비는 매입금액과 제세비용 등을 포함해서 53억 원(매입가격 53억 원+취득세 4.6%+중개수수료−임대보증금 3억 원)이었으며, 은행 대출금을 제외한 현금 투자 금액은 33억 원이었다(53억 원−은행 대출금 20억 원).

S원장과 부인 L부원장은 7년 3개월 만에 33억 원의 현금 투자로 임대료 수입을 포함해서 52억 원(매각차익 37억 원+임대료 수입 15억 원, 금융이자 제외)의 매각차익(세금공제 전)을 얻는 대박을 터트렸다.

 **투자 성공 포인트**

1. **철저하게 저렴한 매입가격과 미래가치 상승입지 전략을 추구했다.**
   - 향후 전철역 개통 예정 지역에 위치한 빌딩을 매입했다.
   - 건물 값을 계산치 않는 허름한 건물을 선호했다.

2. **상권 및 주변의 개발 여건을 검토해 선택했다.**
   - 강남대로 바로 이면 10×6m 코너 입지의 상권 있는 빌딩을 구입했다.
   - 본인들이 의사이기 때문에 주변에 대형병원이 들어온다는 정보를 사전에 입수했다.
   - 향후 상권이 계속 성장하는 지역을 선택했다.

3. **우량임차인으로 교체했다.**
   - 리모델링 후 임차업체를 유명 프랜차이즈 업체 및 치과, 대형병원 별관 등 안정적이면서 깔끔한 업체로 바꿨다.
   - 임대료를 최상으로 받아서 캡레이트(Cap Rate, 단순수익률)를 높임으로써 빌딩 가치를 상승시켰다.

흙 속의 진주가 보였다

구분	내용		
명	흙 속의 진주가 보였다		
대지위치	서울시 중구		
대지면적	243.30m² (73.59평)		
지역/지구	일반상업지역		
건물구조	철근콘크리트구조		
건물규모	지하 1층~지상 11층		
건축면적	239.48m² (72.44평)	연면적	2,463.98m² (745.35평)
건폐율	98.43%	보증금	9억 원
용적률	945.9%	월세	5,770만 원
냉난방	개별	관리비	730만 원
승강기	1대	주차	
공시지가	30억 6,525만 원	도로	8차선×8m 코너
특징	전철역 도보 1분 거리		
준공일	1981. 04. 07.	매각가격	170억 원

2010년 매입 당시

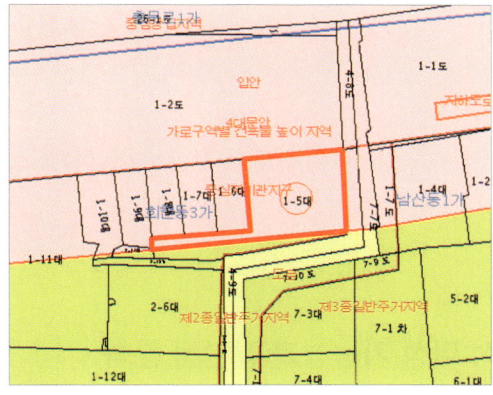

지적도

흙 속의 진주가 보였다

2011년 4월경 중국과 무역업을 하며 재산을 모은 H상사의 P사장은 명동 지역이 유커(游客)들의 쇼핑 천국으로 변하면서 주변 부동산 가격도 하루가 다르게 뛰는 것을 인지하고 레버리지를 많이 활용해 구입할 만한 빌딩을 물색했다. 그러던 중 명동 지역 내는 아니었지만 4호선 명동역 건너편 허름한 빌딩 매물을 평소 친분이 있던 개업 공인중개사에게서 소개받았다.

소개받은 빌딩을 처음 보고 P사장이 느낀 점은 빌딩의 위치는 아주 좋은데 입지에 어울리지 않는 임차인들이 들어있다는 것이었다. 즉 빌딩은 아주 허름해도 수선을 조금 하고, 관리가 제대로만 된다면 우량임차인들을 유치하는 데 어려움이 없을 거라고 판단했다.

이 빌딩은 3인의 남매가 부친에게서 증여받아 소유하고 있었는데, 2인은 미국에 거주하고 있어 국내에는 잘 들어오지 않았다. 국내 거주하는 소유자도 어차피 매각할 빌딩이니 매각에만 신경 쓰고, 빌딩에는 잘 나오지도 않아 관리가 잘되지 않는 상태에서 임차인들로부터 월세만 송금받고 있었다.

P사장은 관리는 잘돼있지 않았지만 이 빌딩의 내재가치는 흔히 얘기하는 '흙 속의 진주'라고 생각하고 매입을 적극적으로 검토했다.

매입의 목적 달성 가능성과 장단점 분석

이 빌딩은 대지가 243.3㎡(73.59평, 일반상업지역), 연면적이 2,463.98㎡(745.35평, 지하 1층~지상 11층)였다.

장점으로 첫째는 4호선 전철역 출구에 접했고, 둘째는 8차선 대로변 코너에 위치했고, 셋째는 매각가격이 명동 내 동일 빌딩 대비 65% 수준인 120억 원이었다.

반면에 단점으로 첫째는 빌딩이 건축된 지 30년이 넘어서 너무 낡았고, 둘째는 대지 면적이 매각가격에 비해 작다는 것이었다.

P사장은 이 빌딩을 매입해서 약간의 리모델링 후 유명 프랜차이즈 업체를 1~2층에 유치하고 위층에는 클리닉 등 우량임차인들로 입점시키면 빌딩 가치가 30% 이상 올라갈 것이고, 그 후 매각하면 상당한 차익이 발생할 것으로 판단하고 매입 목적을 명확히 했다.

그리고 매입 계약 전 기존 임차인 명도를 위한 임대차 계약 기간을 체크한 결과, 1~2층 임차업체들의 만기가 6개월에서 1년 이내라는 것을 확인하고 소개한 개업 공인중개사에게 매입하겠다고 통보했다. 또한 소유자 3인 중 2인은 외국에 거주해 국내에 거주하는 1인이 빌딩 매각을 좌지우지하는 것을 간파해 3인보다 1인을 상대하는 것을 기회로 삼아 매입가격을 많이 네고하는 전략을 구사했다.

가격 네고의 이유로 첫째는 빌딩이 허름한 점, 둘째는 임차인들이 열악한 점, 셋째는 잔금을 20일 이내에 지급한다는 점 등을 매도자 측에 어필하면서 10억 원을 깎아 달라고 했다. 이에 매도자는 처음에는 거부했으나 미국에 거주하는 다른 소유자들의 매각 의사가 강해, 결국 P사장은 본인 요청대로 10억 원이 할인된 110억 원에 2011년 8월 31일 매입했다.

프랜차이즈 업체 등 우량업체를 입점시켜라

P사장은 매입 후 외국계 유명 햄버거 프랜차이즈 업체와 입점 협상을 진행했다. 동시에 임대차 기간이 남아있던 1층 김밥집 등에 시설비 조로 약간의 권리금을 지불하고 6개월 이내에 명도를 시켰고, 1, 2,

3층 임차인 명도 완료와 동시에 유명 햄버거 프랜차이즈 업체와 10년 임대차 계약을 체결했다.

약간의 수선을 거치면서 외국계 유명 햄버거업체가 1, 2, 3층에 들어오자 그 위층에도 한의원, 비뇨기과, 에스테틱 등 우량업체들이 입점했고, 빌딩의 전체적인 모습은 이전과 전혀 달라지면서 빌딩의 가치도 상당 폭 올라갔다.

임대료도 조정해서 보증금 9억 원, 월세 5,770만 원, 관리비 730만 원으로 올렸다.

매각 제안에 목적 달성을 위한 결정

2012년 5월 빌딩의 모습이 이전과 180도 달라지고, 햄버거를 사 먹으려는 국내인과 외국인이 빌딩에 몰려들자, 빌딩에 임차한 다른 임차업체들도 영업이 더불어 잘됐다. 그러자 주변 및 강남 지역의 빌딩 전문 공인중개사들이 고가에 매각해준다며 수없이 P사장에게 연락을 해왔다. 이에 P사장은 목적 달성이 되는 것 같아 행복감을 안고 매각가격 산정에 들어갔다.

매각가격은 첫째는 대지 $3.3m^2$당 2억 원, 건물 $3.3m^2$당 200만 원으로 계산했다. 둘째는 캡레이트(Cap Rate, 단순수익률)는 4.5% 기준으로 산정했다. 셋째는 매각 시 매입자들이 네고할 가격까지 계산해서 P사장이 수령할 매각가격에서 10억 원을 올려서 산정했다.

결과적으로 매각가격은 매입가격 대비 60억 원이 상향된 170억 원이 됐고, 이 가격으로 시장에 내놓았다. 이에 매입 의향자들은 부동산 등기부등본을 열람해보고 매입가격이 110억 원인 것을 알고, 너무 비싸다며 매입을 보류하는 일이 자주 일어났다.

그러나 국내 최고의 입지에 최고의 우량업체가 장기간 임차한 빌딩은 시세보다 조금 비싸 보여도 매각이 된다는 사실이 입증됐다.

2012년 12월 18일 성북동에 거주하는 재산가인 53세의 K여사가 매각가격을 많이 네고하는 방식 중 하나인 일시불 지급 방식으로 155억 원에 매입하겠다고 제시하자, P사장은 즐거운 마음으로 매각했다(K여사는 매입 시 은행 대출을 90억 원 받았고, 현금 65억 원을 투입해서 구입했다).

P사장의 투자 수익

P사장의 빌딩 매입 총 투자비는 제세비용 등을 포함해서 116억 원(매입가격 110억 원+취득세 4.6%+기타비용)이었으며, 순 현금 투자는 55억 원이었다(116억 원-융자 55억 원-임대보증금 6억 원).

P사장은 현금 55억 원을 투자해서 1년 4개월 만에 임대료 수입 및 빌딩 수선비를 제외하고도 39억 원(매각가격 155억 원-매입가격 116억 원)의 투자 수익을 얻었다(세금공제 전).

 **투자 성공 포인트**

1. **최고의 입지를 가진 빌딩 매입을 추구했다.**
   - 유동인구가 많은 명동 전철역 출구에 접한 빌딩을 선택했다.
   - 대로변 코너에 위치해있어 가시성이 뛰어났다.

2. **미래가치 상승을 예견하는 분석력이 뛰어났다.**
   - 대지가 너무 작아 일반 매입 의향자들은 외면했지만, P사장은 미래가치 상승에 제약사항이 되지 않는다고 판단했다.
   - 현재 상태보다도 임차업체 교체 등 리노베이션 후 가치가 상당 폭 올라갈 것을 예견했다.

3. **우량임차인으로 전환하는 일을 신속하게 시행했다.**
   - 외국계 유명 햄버거 프랜차이즈를 1, 2, 3층에 장기계약으로 유치했다.
   - 클리닉 등 매입 예정자들이 선호하는 임차인을 입점시켰다.

공동 투자로 즐거움 흠뻑

구 분	내 용		
명	공동 투자로 즐거움 흠뻑		
대지위치	서울시 강남구		
대지면적	528.1m² (159.75평)		
지역/지구	제3종 일반주거지역		
건물구조	철근콘크리트구조		
건물규모	지하 1층~지상 6층		
건축면적	259.76m² (78.58평)	연면적	1,679.16m² (507.95평)
건폐율	49.19%	보증금	7억 2,500만 원
용적률	249.92%	월 세	4,664만 원
냉난방	개별	관리비	648만 원
승강기	1대	주 차	12대
공시지가	55억 8,201만 7,000원	도 로	6×4m 코너
특 징	전철역 도보 3분 거리, 사무실 밀집지역		
준공일	1992. 12. 22.	매각가격	125억 원

2010년 매입 당시

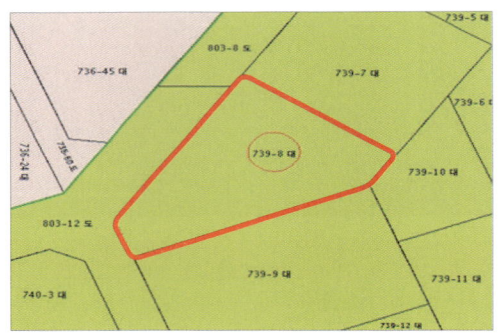

지적도

가치 증대(Value-add)형 빌딩을 찾아라

송파구 방이동에 거주하는 58세의 P사장은 평소 부동산 투자로 재산을 많이 증식했다. 그로 인해 P사장이 다니는 성당에 부동산 투자 전문가라고 제법 소문이 나, 많은 교인이 좋은 투자 거리가 있으면 같이 투자하자는 요청을 자주 받았다.

P사장은 거주하는 곳은 방이동이었지만 송파 지역보다는 강남 지역

의 빌딩 투자에 관심이 많았다. 그가 투자할 매물에 대한 정보를 수집하는 방법은 평소 안면 있는 강남 지역 빌딩 전문 부동산 중개법인으로부터 정보를 얻거나, 경제신문에 난 광고를 보고 관련 공인중개사에게 연락을 취하는 등이었다.

2010년 1월 10일 M경제신문의 빌딩 매물 광고를 검색하던 P사장은 강남구 역삼동에 투자가치가 높아 보이는 빌딩 매물을 발견하고 광고를 낸 개업 공인중개사에게 연락해서 자세한 내역을 소개받았다.

매물로 나온 빌딩은 대지 528m²(159.72평, 제3종 일반주거지역), 연면적 1,679.16m²(507.95평, 지하 1층~지상 6층)인 허름한 빌딩이었다.

이 빌딩의 장점으로 첫째는 6×4m 코너에 위치하고 있어 가시성이 뛰어났다. 둘째는 주변의 대형 사무용 빌딩들로 인해 유동인구가 많았고 상권이 활발했다. 셋째는 리모델링한다면 미래가치가 상당히 좋아 보였다.

반면에 단점으로 첫째는 대지 모양이 직사각형이 아니고 마름모꼴에 가까웠다. 둘째는 빌딩 건축연도가 오래돼서 리모델링을 필요로 했다. 셋째는 빌딩 임차인들은 주로 음식점이었으며 3층에는 고시원도 있어서 리모델링 시 명도 부분이 어려워 보였다. 넷째는 매각 가격은 80억 원으로 대지 3.3m²당 5,000만 원이어서 다소 비싸 보였다. 다섯째는 캡레이트(Cap Rate, 단순수익률)가 3.92%(임대보증금 3억5,000만 원, 월세 2,500만 원, 관리비 200만 원)로 많이 낮았다.

단점을 해소해 장점으로 변화시켜라

부동산 투자 전문가인 P사장은 빌딩의 장점 부분은 마음에 들어 매입하고 싶었지만, 단점인 대지 모양, 빌딩 유지 상태, 입점업체, 매매가격, 캡레이트 등이 결정을 가로막았다.

빌딩을 어떻게 변환시켜 단점을 해소해 미래가치를 높게 창출할지를 먼저 검토해 그 결과를 가지고 최종 매입 결론을 내리려고 했다.

P사장의 단점 해소를 위한 여러 면에서의 검토 결과는 다음과 같았다.

첫째는 빌딩을 리모델링한다면 우량업체가 좋은 임차료로 입점할 것이고 이로써 캡레이트가 좋아질 것이며, 둘째는 매입가격을 어느 정도 네고해 구입한다면 단점 중 상당 부분이 상쇄되는 것이니 매입하는 게 좋겠다는 결론을 내렸다.

일단 매입가격을 네고해달라고 소개한 개업 공인중개사에게 요청했고, 개업 공인중개사는 단점을 제시하면서 4억 원을 할인해서 76억 원에 매도자의 매도 승인을 얻고 P씨에게 매입할 것을 요청했다.

P사장은 승낙했지만, 매매가 76억 원을 혼자 부담하기에는 자금이 부족했고 은행 대출을 많이 사용하면 리스크가 커져서 공동 투자를 모색했다. 공동 투자자 유치는 평소 다니던 성당에서 친하게 지내는 교인들이 먼저 투자할 부동산을 찾아 달라고 요청했기에 어렵지 않았다.

P사장은 가까운 교인 5명에게 빌딩 투자에 대해 자세히 설명한 후 투자를 제안했고, 이 중 3명이 투자하겠다고 나섰다. 2010년 1월 27일 총 빌딩 매입금액 76억 중 은행 융자 25억 5,000만 원을 제외한 금액에서 본인이 30%를 투자하고, 나머지 3인이 30%, 30%, 10%씩 투자

해 이 빌딩을 매입했다.

가치를 높여서 최대 매각가격을 창출하라

빌딩 매입 후 P사장은 임차업체들의 임대차 기간이 만료되는 시점을 기준으로 리모델링을 시작했다. 리모델링 비용으로는 연면적 $3.3m^2$당 약 100만 원씩 계산해서 5억 원을 사용했으며, 빌딩의 내·외관을 깔끔하게 변화시켰다.

리모델링 후 임차업체들도 선별해서 입주시켰고, 임대료도 상당 부분 올렸다(보증금 7억 2,500만 원, 월세 4,664만 원, 관리비 648만 원).

매입한 지 4년째인 2014년 4월 초 공동 투자자 중 2인이 매각 후 투자차익으로 또 다른 투자를 하자고 제안했고, 이에 P사장도 매각을 결정하고 매각가격을 얼마로 할 것인가에 대해 검토했다.

2010년 매입 당시에는 건물이 낡아서 건물 값은 계산하지 않았고, 대지만 $3.3m^2$당 4,758만 원씩 계산해 76억 원에 매입했다. 하지만 매입 후 4년이란 세월 동안 강남 지역 빌딩 가격이 많이 오른 점, 리모델링을 했으니 건물가격을 계산해야 하는 것, 임차인 선별 입주를 통한 캡레이트(Cap Rate, 단순수익률)가 상승한 점 등을 참고해 매도가격을 산정했다.

P사장은 대지 시세는 $3.3m^2$당 7,000만 원으로 계산했고, 건물도 리모델링했기에 건물 값을 $3.3m^2$당 250만 원으로 계산하니 매각 예상가로 125억 원이 나왔다. 매각가격 125억 원을 기준으로 캡레이트를 계산하면 4.75%가 나와 강남 지역에서는 괜찮은 수준이었다.

매입 의향자들의 입장에서 판단해봤을 때 가격이 조금 비싼 듯했지만, P사장은 개의치 않고 공동 투자자들과 협의했다. 이에 공동 투자자들도 매입 의향자들이 매입 시 요청하는 네고 폭을 감안해야 한다고 해 매각가 125억 원으로 부동산 매매 시장에 내놨다.

빌딩의 주인을 찾아라

강남 지역의 개업 공인중개사들은 건물 상태나 수익률, 입점업체들을 봤을 때는 쉽게 매각될 것으로 판단했으나 대지 형상이 마름모꼴인 것이 중요한 결격 사유가 돼 매각이 쉽지 않았다.

또한 일반적으로 많은 매입 의향자가 매물을 접하고 나서 1차적으로 부동산 등기부등본을 열람해 매도자의 매입가격을 체크하는데, 이 빌딩도 체크 후 76억 원에 매입한 사실을 알았다. 그들은 리모델링 비용 등 투자된 금액과 매입 후 4년 8개월이 지나서 가격이 오른 현재 시세는 생각하지 않고 100억 원 이하의 낮은 가격에 매입하려 덤벼들었다.

그러나 P사장은 공동 투자라 자금 여유가 있었고, 그 외 특별히 급하게 매각할 이유가 없는 관계로 본인이 제시한 매각가격을 고수했다.

그러던 중 2014년 9월 15일 강남 지역 빌딩 가운데 공실 우려가 없는 역세권 매물을 선호하는 대치동 소재 임대 전문 회사가 10억 원을 할인한 115억 원에 매입하겠다는 제안을 빌딩 전문 부동산 중개법인 통해 전해왔다. 이에 P사장 등은 9억 원을 할인한 116억 원에 매각했다.

P사장 외 3인의 투자 수익

P사장 외 3인의 빌딩 매입 총 투자비는 제세비용 등을 포함해서 80억 원(매입가격 76억 원+취득세 4.6%+기타비용)이었으며, 순 현금 투자는 56억 원이었다(80억 원-융자 25억 5,000만 원+리모델링 비용 5억 원-임대보증금 3억 5,000만 원).

P사장 등 4인은 현금 56억 원을 투자해서 4년 5개월 만에 임대소득 포함 49억 원(투자 수익 34억 5,000만 원+임대수익 14억 5,000만 원)의 수익을 얻었다(세금공제 전).

 **투자 성공 포인트**

1. **내재가치 대비 매입가격을 낮출 수 있는 빌딩을 선택했다.**
   - 대지 형상이 좋지 않아서 매입가격 네고가 가능했다.
   - 건물이 낡아 건물 값이 계산되지 않아서 저렴했다.

2. **공실이 발생하지 않는 입지의 빌딩을 선택했다.**
   - 가격 오름세를 확실히 예상할 수 있는 강남역세권 유동인구가 밀집된 먹자 상권 빌딩을 선정했다.
   - 가시성이 좋은 6m×4m 코너 빌딩을 매입했다.

3. **리모델링 시 미래가치 상승이 예견됐다.**
   - 깔끔하게 리모델링해 우량임차인을 입점시키는 데 어려움이 없었다.
   - 임차인을 선별 입점시켜서 캡레이트(Cap Rate, 단순수익률)를 쉽게 높일 수 있었고, 이로 인해 매각가격이 높아졌다.

4. **공동 투자로 리스크를 헤지(Hedge)했다.**

송골매 같은 투자 혜안

구 분	내 용		
명	송골매 같은 투자 혜안		
대지위치	경기도 부천시		
대지면적	2,418.7m² (731.66평)		
지역/지구	제3종 일반주거지역		
건물구조	철근콘크리트구조		
건물규모	지하 1층~지상 6층		
건축면적	1,225.55m² (370.73평)	연면적	7,204.8m² (2,179.45평)
건폐율	50.69%	보증금	18억 1,000만원 (공실 포함)
용적률	247.19%	월 세	6,010만 원 (공실 포함)
냉난방	개별	관리비	680만 원
승강기	2대	주 차	총 63대
공시지가	95억 7,805만 2,000원	도 로	25×6×4m 대로변
특 징	전철역 도보 5분 거리 / 배후지역 아파트 1만 세대		
준공일	1985. 02. 11.	매각가격	130억 원

친구야, 부동산 개발 사업으로 떼돈 벌어보자

경기도 평택시 출신의 두 친구는 지역에서 부동산 개발로 각각 일정한 재산을 축적했으나, 좀 더 큰 부동산 개발 사업을 활발하게 진행하기를 원했다. 그러나 그러기 위해서는 자본이 부족하다는 것을 느끼고 동업을 생각했고, 이런 목적으로 의기투합해 2006년 3월 함께 부동산 개발 사업을 하기로 약속했다.

두 친구는 각각 50% 지분으로 주식회사를 설립하고 상호를 S개발 주식회사로 명명해 공동 대표이사로 출발했다. 두 사람 중 한 사람인 K회장은 어려서부터 지역 내에서 수완이 좋기로 유명했고, 의리가 있는 친구로 알려졌다. 두 사람은 처음에는 개발 수요가 많은 평택시 포승면의 부동산 개발 사업에 투자하려고 여러 건을 검토하고 있었는데, 어느 날 다른 지역에서 뜻밖의 좋은 정보를 접하게 됐다.

평소 가깝게 지내던 후배가 K회장에게 경기도 부천시 전철역 인근 빌딩이 싼 가격에 매물로 나왔다는 것을 알려 줬고, 이에 K회장은 아들을 데리고 직접 현장을 찾아가 여러 가지를 체크해봤다.

이 빌딩은 2층에서 6층까지 대형 웨딩홀이 임차해 영업을 하다가 매출 부진으로 문을 닫는 관계로 빌딩 소유주와 밀린 임대료 및 권리금, 명도 문제로 갈등이 있었다. 임차인은 명도를 안 당하려고 소위 전문꾼들을 시켜 빌딩을 점유하고 있었고, 이에 빌딩 소유주는 임대료도 안 들어오는 상태에서 임차인의 실력 행사에 상당히 곤란해하며 매각하려고 시장에 내놓은 것이었다.

빌딩의 소유주는 총 4명의 가족으로 그중 2명은 캐나다에 거주하는 교포였고, 국내에 거주하는 2명도 일이 바빠서 빌딩에는 관심을 많이 두고 있지 않았다. 이 때문에 빌딩 관리가 제대로 되고 있지 않았는데, 더욱이 임차인이 전문 꾼들을 시켜서 점유하고 있어서 어찌할 바를 몰라 했다.

이 빌딩은 대지 2,418.7m²(731.66평, 제3종 일반주거지역), 연면적 7,204.8m²(2,179.45평, 지하 1층~지상 6층)로 규모가 제법 있었다. 매각가격은 건물은 허름해서 가격 평가에서 제외하고, 대지 3.3m²당 1,100만 원으로 계산해 80억 원에 부동산 매매 시장에 나와 있었는데, K회장은 여러모로 매력이 있다고 평가하고 친구와 상의하에 매입 검토를 시작했다.

장단점을 분석하고 최저 가격으로 매입하라

이 빌딩의 장점으로 첫째는 25×6×4m 3면 코너에 위치하고 있어 가시성이 뛰어났다. 둘째는 후면에 아파트가 1만 세대 있어서 향후 상권이 활발할 것으로 예상됐다. 셋째는 웨딩홀에서 리모델링을 해놓아서 우량임차인만 유치한다면 캡레이트가 상당히 높을 것으로 예상됐다. 넷째는 전철역에서 5~6분 거리이며 맞은편에 재래시장이 있어서 유동인구도 점차 늘 것이라 판단됐다. 다섯째는 대지가 일반 빌딩 대지치고는 큰 편이었으며, 연면적도 커서 임대가 완료된다면 매각 시 선호도가 높아 목표 가격이 상당히 올라갈 것으로 검토됐다.

반면에 단점으로 첫째는 빌딩 바로 후면지역의 주택들이 노후화됐고, 점차 빈민화돼 가고 있어 재정비촉진지구로 묶여있었다. 둘째는 웨딩홀 임차인이 유치권을 주장하면서 점유하고 있는 문제를 해결해야 하는 것이었다.

K회장은 가격만 원하는 수준까지 내려온다면 유치권 문제는 과거 본인의 경험을 활용해 쉽게 해결할 수 있다고 판단했고, 재정비촉진지구에 묶인 대로변 빌딩들은 재건축조합에서 보상비를 많이 해줘야 하는 관계로 사업 수익이 어려워져 제외되는 경우가 많다는 사례를 참조해 별로 중요하게 여기지 않고 오직 매입가격에 집중해서 매도자와 협상했다.

K회장은 협상 과정에서 미리 파악해둔, 즉 매도자 중 2인이 캐나다에 거주하고 있어 관리가 어려워 빨리 매각하길 원한다는 등 여러 가지 매도자의 약점을 파고들어 매도자들에게 대지 $3.3m^2$당 900만 원을 제시했다.

단, 이 가격에 매각한다면 임차인이 점유하고 있는 유치권 문제는 본인이 알아서 해결하겠다고 했다. 이에 매도자들은 대지 $3.3m^2$당 950만 원을 제시했으나, K회장이 최종적으로 대지 $3.3m^2$당 930만 원인 총 68억 원을 제안해 2006년 6월 21일 매매 계약이 성사됐다.

점유 임차인 명도와 앵커테넌트 유치

K회장은 빌딩의 점유자인 임차인을 명도시키고, 앵커테넌트(Anchor Tenant, 우량임차인)를 입점시켜 빌딩의 미래가치를 높게 창출하고자 점유 임차인과 협상을 시작했다. 협상 과정이 순탄하지 않자 법무법인에 의뢰해 임차인이 동원한 점유자들과 대립시켰고, 명도 소송도 진행

해 6개월 만에 임차인을 빌딩에서 명도시켰다.

명도라는 어려운 과정을 잘 마무리한 K회장은 우량임차인을 입점시켜야 하는 숙제를 풀어야 했는데, 부동산 투자 중 빌딩 투자는 처음이라 입점업체 선정과 임대가격 산정 등에서 여러 가지 어려움이 있었다.

또한 이 빌딩은 지역에서 연면적이 제일 큰 빌딩에 속해 가시성은 뛰어났지만, 상권이 예상보다 저조해 임차인 선정에 어려움이 많았다.

그러나 K회장은 배운다는 자세로 차근차근 임대를 진행했고, 그 과정에서 아들의 친구가 부동산 임대 컨설팅을 하고 있어서 도움을 많이 받았다.

일단은 웨딩홀로 이름이 난 빌딩이라 일부 층에 웨딩홀을 입점시켰고 사우나, 볼링장 등에도 임대했다. 1층에는 기존의 H자동차 대리점이 그대로 있었고, 그 외 유명 의류점 및 우체국이 있었으나 전세 형태로 입점하고 있던 우체국에 월세 전환을 통보하자 이를 수용하지 않고 임대계약 만료 후 다른 곳으로 이전했다.

2013년에는 앵커테넌트(Anchor Tenant)인 관절과 척추 전문 병원이 2층과 3층에 7년간 장기계약으로 입점했고, 그 외 위층에는 PC방과 화장품 회사 등이 점차 입점함으로써 빌딩의 가치가 한 단계 상승했다.

임대 안정성으로 치솟는 빌딩 가치

2013년 우량임차업체들이 속속 입점하자 임대료도 상당 부분 올라서 임대보증금 18억 원, 월세 6,000만 원, 관리비 680만 원으로 지역에서 수준이 높은 빌딩으로 변모됐다. 이렇게 되자 K회장은 매각차익을 얻기 위해 매각에 나섰고, 매각가격을 얼마로 할 것인가에 대해 검토했다.

매각가격 산정으로 첫째는 대지는 3.3m²당 1,500만 원씩, 건물은 3.3m²당 50만 원씩 계산했고, 둘째는 지역이 수도권이고 공실 리스크가 있어 캡레이트(Cap Rate, 단순수익률)를 7%로 계산하니 120억 원이 나왔다.

K회장은 매입가격 대비 매도가격이 조금 비싼 듯했지만, 공동 투자자인 친구와 협의해 2014년 초 매각가격 120억 원으로 부동산 매매 시장에 내놨다.

그러나 매입 의향자들은 부동산 등기부등본을 열람해서 K회장이 매입한 가격을 확인하고는 현재의 시세는 고려하지 않고 매입가격 대비 매도가격이 너무 비싸다는 반응을 보였다. 더욱이 주변 개업 공인중개사들도 이런 의견에 동조해 K회장은 불만이 많았다.

K회장은 처음에는 이런 의견을 거들떠보지도 않았으나 수익성 좋은 다른 사업을 진행하기 위해서 빨리 매각해야 했고, 또한 본인이 주장해서 매입한 빌딩이라 매매차익을 일으켜 친구에게 배당해줘야 하기에 매각가격을 110억 원으로 내렸다.

매입 의향자들은 빌딩의 장점보다 단점을 주로 거론하며 가격을 네고했는데, 그들이 거론하는 이 빌딩의 단점은 가격 대비 건물이 커서 되레 수리할 곳이 너무 많다는 것이었다. 이런 단점을 트집 잡은 대표적 매입 의향자는 빌딩 뒤쪽 아파트에 거주하는 개인 병원의 원장이었다. 이 병원장은 매입가격을 103억 원으로 낮춰 매입 의향을 내비치면서 주변 개업 공인중개사들에게 매입 주선을 부탁했지만 K회장은 110

억 원을 고수하며 이에 응하지 않았다.

2015년 많은 수익용 빌딩이 매각되자 빌딩 가격이 오를 것을 예측한 K회장은 2016년 초 이 빌딩의 매각가격을 130억 원으로 20억 원을 올려서 개업 공인중개사들에게 통보했다. 그러자 기존에 매입을 검토했던 매입 의향자들은 매입을 포기했다.

이에 K회장은 가격 네고는 가능하다고 말을 바꿨고, 2016년 10월 27일 가격 대비 대지면적과 연면적이 크고, 우량업체인 병원이 장기 임차된 것을 장점으로 판단한 빌딩 투자자인 서초동 거주 C사장에게 117억 원에 매각했다.

K회장 외 1인의 투자 수익

K회장 외 1인의 빌딩 매입 총 투자비는 제세비용 등을 포함해서 71억 5,000만 원(매입가격 68억 원+취득세 4.6%+기타비용)이었으며, 순 현금 투자는 12억 원(71억5,000만 원-은행 대출 51억 원-임대보증금 8억 5,000만 원)이었다.

K회장 외 1인은 현금 12억 원을 투자해서 10년 3개월 만에 임대소득 포함 79억 5,000만 원(매각가격 117억 원-총 투자비 71억 5,000만 원+금융이자 제외 임대수익 34억 원)의 수익을 얻었다(세금공제 전).

 **투자 성공 포인트**

1. **저가 매입을 위해 하자 있는 빌딩을 선택했다.**
   - 사전 검토 결과 임차인과의 분쟁을 해결할 수 있다고 판단했고, 이로 인해 많은 수익이 창출됐다.
   - 빌딩에 내재된 가치를 사전에 파악하고, 재정비촉진지구에 묶여있는 빌딩이었지만 향후 보상을 받거나, 해제되거나 혹은 이익이 된다고 예측하고 매입했다.

2. **빌딩 외형이 큰 것을 적절히 활용했다.**
   - 대지면적과 연면적이 커서 나이 많은 투자자들로부터 매입 의향이 많았고, 이는 매각가격 상승에 기여했다.
   - 매각가격 대비 연면적이 커서 임대료 수입이 비교적 많았으며, 캡레이트를 높이는 데 기여했다.

3. **앵커테넌트(Anchor Tenant)를 임차시켜 빌딩 가치를 상승시켰다.**

4. **시황(市況)을 잘 파악해 매도가격을 적절한 타이밍에 인상해 예상보다 높은 가격으로 매각했다.**

치열한 경쟁 끝에 얻은 행복

구 분	내 용		
명	치열한 경쟁 끝에 얻은 행복		
대지위치	인천시 부평구		
대지면적	483.50m² (146.26평)		
지역/지구	일반상업지역		
건물구조	철근콘크리트구조		
건물규모	지하 3층~지상 10층		
건축면적	358.76m² (108.52평)	연면적	4,590.40m² (1,388.60평)
건폐율	74.2%	보증금	22억 7,000만 원
용적률	731.23%	월 세	7,850만 원
냉난방	개별	관리비	2,500만 원
승강기	2대	주 차	총 24대
공시지가	51억 1,059만 5,000원	도 로	50×25m 대로변 코너
특 징	전철역 광장 코너		
준공일	1993. 02. 10.	매각가격	165억 원

Section 01 부동산 투자 유형에 따른 분류   **143**

대박이 터질 수 있는 빌딩을 찾아라

김포에서 주유소를 경영하는 K사장은 김포 지역이 개발되면서 조상 대대로 갖고 있던 토지가 수용돼 2011년 말 80억 원의 토지 보상금을 수령했다. 토지 수용에 대한 보상금이라 부동산에 다시 투자해야 한다고 생각한 K사장은 토지를 매입해서 묻어 두는 것은 환금성이 떨어지고, 정기적인 수입도 발생하지 않아 본인이 원하는 생산적인 사업은 할 수 없다고 여기고, 매월 월세가 발생하는 빌딩에 투자하기로 했다. 또한 투자에는 전문성이 필요하다고 생각해서 2012년 3월 초 J은행에서 지점장으로 퇴직한 친구 Y씨를 자신의 회사 부사장으로 영입해 투자업무를 수행하게 했다.

Y부사장은 K사장의 지시에 따라 매각차익을 많이 얻을 수 있는 100억 원 내외의 수익성 빌딩을 찾아서 K사장에게 보고했지만 가격이 너무 비싸다고 번번이 거절당했다. 그러던 2012년 8월 초 대법원 경매 사이트를 검색하던 Y부사장은 수도권 전철역 광장에 K사장이 좋아할 것으로 보이는 빌딩이 경매로 나온 것을 발견하고 검토하기 시작했다.

이 빌딩은 대지가 483.5m²(146.26평), 연면적이 4,590.4m²(1,388.6평, 지하 3층~지상 10층)였으며, 1층에 국내 유명 커피숍과 편의점이 입점하고 있었고, 2, 3층에는 국내 최고의 피자가게가, 6층에는 프랜차이즈 치과가, 4층부터 4개 층은 국내 최고 은행의 자회사인 S생명 보험회사가 입점하고 있는 등 우량임차인이 많이 있었다.

법원 감정가는 102억 9,700만 원이었으나, 위치가 너무 좋고 희소성이 있어서 시세는 130억 원 정도로 추정됐다.

Y부사장은 이 빌딩을 K사장에게 보고했고, K사장은 검토 결과 여러 가지 면에서 장점이 많으니 경매에 참가해 경락받자고 했다.

K사장은 이 빌딩을 법인으로 경락받기 위해 2012년 8월 30일 부천시 원미구에 V법인을 설립했고, 이 법인으로 2012년 9월 3일 경매에 참가해 예상보다 많은 금액인 121억 8,000만 원에 경락받았다.

그 이유는 경매 법정에 이 빌딩의 응찰자가 너무 많아 경매 참가 시 얼마를 쓰면 반드시 경락받을 수 있을까 고민하다가 법원 감정가보다 18%를 더 썼기 때문이다.

K사장은 경락 잔금 납부 시 Y부사장의 주선에 의해 J은행에서 70억 원을 대출받았다.

우량임차인들에게 계속 임대할 수 있는 방법을 모색하라

빌딩이 임의경매 됐지만 임차업체들의 임대보증금은 대부분 빌딩에 근저당권 설정이 돼있었고, 경락된 가격도 법원 감정가보다 높아서 임차업체들은 임대보증금을 법원으로부터 배당을 받아서 피해가 없었다.

경매가 끝나고 소유자가 바뀌자 1층의 유명 커피숍과 편의점, 2, 3층의 유명 피자가게, 6층의 치과, 그 외 4개 층을 사용하는 은행 자회사인 S생명보험회사가 새로운 소유주인 K사장과 재계약하기를 원했다. 그러나 시세보다 낮은 임차료를 원했기에 K사장은 이를 받아들이지 않았고 임대차 계약은 체결되지 않았다.

K사장은 현재의 안정된 임대료보다 나중에 빌딩을 매각할 때 높은 가격을 받아서 매각차익을 많이 얻는 것에 우선순위를 뒀기에 임대료

를 높일 필요가 있었다. 이에 K사장은 임대료를 높여서 임차인들에게 통보했고, 이를 받아들이지 않는 임차업체는 임대차 계약을 하지 않기로 결정했다.

그러나 2개 업체를 제외한 대부분의 임차업체는 이 빌딩에서 2, 3년 동안 영업을 해왔고, 빌딩의 입지가 너무 좋아서 K사장의 임대료 인상에 동의했다.

동의하지 않는 2개 업체는 새로운 우량업체로 교체하고 임대를 마무리했는데, 마무리했을 때의 임대보증금은 22억 7,000만 원, 월세 7,850만 원, 관리비 2,500만 원이었다.

매각가격을 산정하고 매입자를 찾아라

매입 후 1년 만인 2013년 10월 K사장은 공실 없이 임차업체가 계속 유지되자 빌딩을 매각해 매각차익을 얻기로 결정했다. 빌딩이 전철역 출구와 가까웠고, 역 광장 코너에 입지해있어 가시성이 뛰어났으며, 유동인구가 너무 많아서 공실이 생기지 않는 로열박스권인 관계로 주변 매각 빌딩 중에는 A급에 속했다.

K사장은 이 빌딩을 매각하기 위해 매각가격을 산정했는데, 그 기준은 첫째는 캡레이트 6.5% 수준의 가격, 둘째는 대지가격 3.3m^2당 1억 원(일반상업지역), 건물가격 3.3m^2당 150만 원으로 산정된 가격, 셋째는 주변 매매 사례를 참고했다. 이를 통해 165억 원의 매각 예정가격이 나왔고, 이 가격으로 주변 개업 공인중개사들에게 매각을 의뢰했다.

그러나 매입 의향은 계속 있었으나 매각은 쉽지 않았다. 그 이유는 빌딩 매입 의향자들은 빌딩의 수익성이나 입지, 임차업체 등은 다 마음에 들지만, 수도권 지역 빌딩에 165억 원이라는 큰 금액을 투자하기에는 부담이 컸다. 매입 의향자들은 이 빌딩을 매입한 후 사정에 따라 재매각해야 할 때 가격 등 제반 조건이 쉽게 매각하고 빠져나올 수 없는 빌딩이라고 생각했다.

K사장은 임대료는 안정적으로 나오고 있었음에도, 2년 이상 매각되지 않고 이런 상황이 계속 되자 이 빌딩을 매각하고 새로운 부동산 투자를 하기 위해서는 매각가격을 낮춰야겠다고 나름 판단하기에 이르렀다. 그런데 그즈음 강남 지역의 빌딩 전문 부동산 중개법인으로부터 150억 원에 매입할 매입자가 있다는 제안을 받았다. K사장은 처음에는 가격이 너무 낮아 수용하지 않았으나, 단 시일 내에는 더 높은 가격을 받기가 어렵다는 판단하에 매입한 지 2년 6개월 만인 2015년 4월 8일 버스회사를 운영하며 자녀 증여용으로 수익용 빌딩을 찾고 있던 C회장에게 150억 원에 이 빌딩을 매각했다.

K사장의 투자 수익

K사장의 빌딩 매입 총 투자비는 127억 4,000만 원(매입가격 121억 8,000만 원+제세비용)이었으며, 은행 대출 70억 원과 임대보증금 22억 7,000만 원을 제외한 순 현금 투자는 34억 7,000만 원이었다.

K사장은 현금 34억 7,000만 원을 투자해 2년 6개월 만에 임대료 수입을 포함해 총 35억 원(매각차익 22억 6,000만 원+임대수익 12억 4,000만 원)의 매각차익(세금공제 전)을 얻었다.

 **투자 성공 포인트**

1. 앵커테넌트 빌딩을 선택했다.
   - 매입 전부터 있었던 우량임차인인 유명 커피숍, 유명 피자가게, 유명 치과, 은행 자회사인 보험사 등을 빌딩 취득 후에도 임대료를 올려서 임차업체로 계속 유지한 협상력이 뛰어났다.

2. '무조건 경락받아라'는 K사장의 판단이 주효했다.
   - 경매 입찰자가 너무 많아서 입찰가가 일반적이지 않게 법원 감정가보다 높았지만 이를 개의치 않고 취득했다

3. 전철역 최고의 입지 빌딩을 선택했다.
   - 전철역 출구와 가까운 광장 코너에 위치했다.
   - 50m×25m 대로변 코너에 위치해있었다.
   - 광장 한가운데 지상 10층 빌딩으로서 가시성이 뛰어났다.

4. 일반상업지역 빌딩으로서 유동인구가 많아 상권이 우수했다.

CHAPTER **03**

코어(Core) 형태의 투자

"항상 갈망하고(Stay Hungry),
끝없이 한 우물을 파라(Stay Foolish)"

_스티브 잡스(Steve Jobs)

강남의 블루칩 빌딩

구 분	내 용		
명	강남의 블루칩 빌딩		
대지위치	서울시 서초구		
대지면적	457.7m² (138.45평)		
지역/지구	제3종 일반주거지역		
용 도	근린생활시설		
건물규모	지하 1층~지상 5층		
건축면적	211.4m² (63.95평)	연면적	1,307m² (395.37평)
건폐율	46.18%	보증금	9억 7,000만 원
용적률	213.98%	월 세	4,850만 원
냉난방	개별식	관리비	350만 원
승강기	무	주 차	총 8대
공시지가	62억 8,422만 1,000원	도 로	6차선대로변X4m 코너
특 징	전철역 출구 앞		
준공일	1983. 12. 24.	매각가격	140억 원

인연이 있는 빌딩이 있을까?

58세의 K회장은 1991년에 여성 의류 판매 사업을 시작해 큰 성공을 거둔 후 여기서 나온 이익금으로 전국의 오피스 빌딩, 상가, 아울렛 부지 등 부동산에 투자해 안정적인 임대 수입을 얻고 있었으며, 이를 전문적으로 운영할 부동산 임대회사도 설립해 경영하고 있었다.

K회장은 자택이 방배동 서래 마을 부근이고 사무실은 남부터미널과 가까운 서초동이어서 출퇴근할 때마다 부동산에 관심이 많아서 대로변 빌딩들을 세심히 관찰하곤 했다. 특히 사무실과 가까운 전철역 출구 대로변에 우량임차업체인 P제과점과 외국계 유명 커피숍이 임차한 빌딩을 마음에 두고 인상 깊게 보고 다녔다.

그러던 중 2010년 12월경 회사에서 부동산 임대 사업 업무를 전담하는 아들로부터 가까운 전철역에 괜찮은 빌딩이 매물로 나왔다는 보고를 받고 살펴보니, K회장이 관심 있게 보고 다녔던 바로 그 빌딩이었다. K회장은 속으로 '그 빌딩과 특별한 인연이 있는가 보다'라고 생각하고 제반 조건을 검토했다.

이 빌딩은 대지가 457.7m²(138.45평, 제3종 일반주거지역), 연면적이 1,307m²(395.37평, 지하 1층~지상 5층)였다.

입지가 단점을 해소한다

이 빌딩의 장점으로 첫째는 대로변 6차선 6m 코너에 위치했다. 둘째는 전철역 출구 1분 거리인 초역세권에 있었다. 셋째는 주변에 대학교가 있어서 상권이 지속적으로 상승할 것으로 예상됐다. 넷째는 우량임차인인 국내 최고의 제과점, 외국 유명 커피점, 편의점, 클리닉 등이 입점해있었다. 다섯째는 주변 재개발 구역 중 가장 큰 구역이 가까운 데 있었다.

반면에 단점으로 첫째는 엘리베이터가 없어서 위층에 우량임차업체 입점시키는 데 어려움이 있었다. 둘째는 약간의 건물 수선이 있었지만 건축한 지 30년이 돼서 언제 건물 하자 문제가 발생할지 몰랐다. 셋째는 매도자가 68억 원에 구입했는데 매각가격이 115억 원이라 보유 기간 대비 비쌌다. 다섯째는 캡레이트가 4.28%로서 평균 이하였다.(임대보증금 8억 5,000만 원, 월세 3,800만 원, 관리비 300만 원). 여섯째는 상업지역이나 준주거지역이 아닌 제3종 일반주거지역의 빌딩이었다.

부동산 전문가인 K회장은 이 빌딩은 단점이 너무 많았지만 매각가격을 일부 조정하고, 임차인들의 임대료를 일부 올리면 이런 단점들은 부분적으로 해소될 것으로 판단했다. 무엇보다도 빌딩의 입지가 최상이라 생각 끝에 매입을 결심하고 가격 네고를 요청했다.

이에 이 빌딩을 소개한 개업 공인중개사는 단점을 매도자에게 제시하면서 5억 원을 네고했고, 2011년 1월 18일 110억 원에 아들 명의로 계약을 체결했다(은행 융자 55억 원).

입지양명(立地揚名, 입지 좋은 곳에 수요가 몰린다)

이 빌딩 주변에는 B대학이 있는데, B대학은 캠퍼스가 강남권에 위치해있다는 이유 등으로 나날이 수준 높은 학생들이 지원하고 있었고 학생 수도 급격하게 늘어나 교육시설이 많이 부족했다. 이에 B대학은 주변 빌딩들을 하나씩 매입해 학생들을 교육할 수업 공간을 확보하고 있었다.

또한 빌딩 주변 재개발 사업이 활발하게 진행되면서 이 빌딩 전철역 주변에 유동인구가 많이 늘어났고, 이런 과정에서 K회장이 매입한 빌딩의 임차업체들의 매출이 크게 향상됐다.

K회장은 매각 시 좋은 가격을 받기 위해 캡레이트를 높일 목적으로, 이 기회에 매입 빌딩 지하에 국내 최고의 생활용품업체인 D업체를 장기계약으로 입주시켰고, 1층 편의점 및 간이음식점 등도 업체를 교체하면서 보증금 및 임대료를 올렸다. 이 빌딩에 엘리베이터가 없는 것은 약점이었지만, 입지가 너무 좋아서 임차인들의 매출이 계속 올랐기 때문에 임대료를 인상해도 우량임차인들은 속으로는 불만이 있었지만 다른 곳으로 이전하지 않고 계속 영업을 이어갔다.

임대료 조정 후 임대보증금은 10억 5,000만 원이었으며, 월세 5,200만 원, 관리비 480만 원이었다.

이 빌딩을 매입한 후 여러 번 주변 개업 공인중개사들로부터 매각 요청을 받았지만 매번 거절했던 K회장은, 매입 5년째인 2016년 초 강남지역의 중개법인으로부터 162억 원에 매각 요청을 받고 좋은 가격이라 생각해 매각을 검토했다.

K회장이 계산해보니 매각가격 162억 원은 대지 3.3m²당 1억 1,000만 원, 건물 3.3m²당 250만 원으로 산정됐다. 차익을 실현하기에는 아주 좋은 가격이란 판단하에 매각을 결정했고, 2016년 8월 11일 반포동에 거주하는 J씨에게 162억 원에 매각했다.

K회장의 투자 수익

K회장의 빌딩 매입 총 투자비는 제세비용 등을 포함해서 115억 6,000만 원(매입가격 110억 원+취득세 4.6%+기타비용)이었으며, 순 현금 투자는 52억 1,000만 원(115억 6,000만 원-융자 55억 원-임대보증금 8억 5,000만 원)이었다.

K회장은 현금 52억 1,000만 원을 투자해서 5년 6개월 만에 임대소득 포함 63억 원의 수익을 얻었다(세금공제 전).

 **투자 성공 포인트**

1. **빌딩의 입지가 모든 단점을 해결했다.**
   - 강남 지역 전철역 초역세권에 위치한 공실 없는 블루칩 빌딩에 투자했다.
   - 6차선×4m 코너에 위치해있어 가시성이 뛰어났다.

2. **주변의 개발 소재가 미래가치 상승을 이끌었다.**
   - 빌딩 인근 대학이 급속도로 확장됐다.
   - 주변에서 제일 큰 대형 재개발 지역이 가깝게 있어 향후 가치 상승 전망을 높였다.

3. **양질의 매입자를 만났다.**
   - '썩어도 준치'라는 격언을 실천하듯 비싸도 블루칩 빌딩을 선호하는 양질의 매수자를 만났다.
   - 매입자는 매입가격 162억 원을 융자 한 푼도 쓰지 않고 오직 현금으로만 매입했다.

4. **우량임차인 입점 전략**
   - 빌딩 매입 후 우량임차인으로 변경하고 캡레이트를 높였다.

CHAPTER 04

코어플러스(Core+) 형태의 투자

"운명은 우연을 가장해 찾아온다"

_어느 좋은 글에서

찰나의 순간에 파악한 보물

구분	내 용		
명	찰나의 순간에 파악한 보물		
대지위치	서울시 강남구		
대지면적	1,232.30m² (372.77평)		
지역/지구	제2종 일반주거지역		
건물구조	일반철골구조		
건물규모	지하 1층~지상 9층		
건축면적	1,105.51m² (334.42평)	연면적	8,529.57m² (2,580.19평)
건폐율	89.71%	보증금	8억 870만 6,400원
용적률	656.55%	월 세	6,879만 4,915원
냉난방	개별	관리비	2,280만 2,328원
승강기	1대	주 차	총 121대
공시지가	126억 9,269만 원	도 로	6×6m 코너
특 징	전철역 도보 2분 거리		
준공일	2006. 09. 15.	매각가격	165억 원

그런 고수익 빌딩이 강남에 있을까?

명문대학 졸업 후 대기업에 입사해 근무하다가 중간관리자로 퇴직하고, 옥외 광고업에 매진해 많은 재산을 모은 49세의 K사장은 빌딩을 세 채나 가진 남들이 부러워하는 기업가였다.

K사장의 성공 요인은 사업을 결정하는 데 있어서 치밀하게 분석한 후 시행해야겠다는 판단이 서면 아주 신속하고 강한 추진력으로 진행하는 것이었다. 부동산 투자도 이런 방식으로 여러 건 성공해 주변의 지인들로부터 같이 투자하자고 많은 요청을 받고 있었다.

2013년 3월 초 K사장은 강남역의 빌딩 전문 부동산 중개법인의 J팀장으로부터 강남시장 옆에 위치한 고수익 빌딩을 소개받았다. 소개받은 빌딩은 일반적인 수익용 빌딩이 아닌 전체 10개 층 중 7개 층이 주차장인 주차장 빌딩으로 강남 지역에서는 보기 드문 고수익 빌딩이었다.

이 빌딩은 사모펀드(Private Equity Fund)가 소유하고 있었으며, 최초 매도가격은 200억 원이었으나 쉽게 매각되지 않자 180억 원, 그 후에 다시 165억 원으로 두 차례에 걸쳐 매도가격이 하향 조정된 빌딩이었다.

K사장은 부동산 중개법인의 J팀장으로부터 매도자의 장부가격이 200억 원이었으며, 매도자의 급한 사정으로 손해를 감수하고 매각하는 것이라는 설명을 들었다. K사장은 치밀하게 검토를 시작했다.

이 빌딩은 대지가 1,232.3m^2(372.77평, 제2종 일반주거지역), 연면적이 8,529.57m^2(2,580.19평, 지하 1층~지상 9층)였으며, 임대보증금 8억 8,700만 원, 월세 8,500만 원, 매매가격 165억 원이었다.

신속한 판단, 결단, 추진력

K사장이 분석한 이 빌딩의 장점으로 첫째는 캡레이트가 6.5%나 됐다. 둘째는 인구밀집도가 높은 강남시장 옆 6×6m 코너에 위치했다. 셋째는 주차장 빌딩이었지만 지목이 주차장이 아닌 제2종 일반주거지역 대지였다. 넷째는 건폐율 89.71%, 용적률 656.55%로 인허가 시 많은 혜택을 받아 지은 빌딩이었다. 다섯째는 지하 1층에서 2층까지 앵커테넌트인 국내 최고 생활용품점 D업체, 마트, 한의원 등이 입점해있었다. 여섯째는 강남시장 재건축 시 수혜 대상이었다. 일곱째는 은행 감정가가 높아서 대출이 120억 원까지 가능했다.

반면에 단점으로 첫째는 일반적인 빌딩이 아니어서 환금성이 떨어질 수 있었다. 둘째는 대로변이 아니어서 사선제한을 받아 고층으로 갈수록 꺾여 올라가 가시성이 떨어졌다. 셋째는 제2종 일반주거지역이라 재건축한다면 용적률을 200%밖에 못 받아 현재의 3분의 1 수준의 건물이 될 거라 예상됐다.

판단력이 뛰어난 K사장은 단점은 있었지만 장점이 단점을 훨씬 뛰어넘는다고 보고 공동 투자하기로 한 손위의 인척에게 설명 후 매입하기로 결정했다.

한편 매도자의 급한 사정을 감지한 K사장은 매입할 테니 매각가격을 일부 조정해달라고 요청했고, 이 빌딩을 소개한 J팀장은 빌딩의 단점을 매도자에게 언급하면서 대금은 일시불로 지급하겠다며 매매가격을 10억 원 네고했다.

결국 처음에 매도자가 제시한 가격에서 세 차례에 걸쳐 45억 원이나 네고된 155억 원에 2013년 3월 22일 매매 계약을 체결했고, 일주일 후인 2013년 3월 29일 은행 대출을 120억 원 받아 잔금을 지급하고 소유권을 이전했다.

넝쿨째 굴러온 보물

K사장이 매입한 빌딩은 월세를 매년 4%씩 올리는 조건으로 임대차 계약이 체결돼있고, 공실도 전혀 발생하지 않았으며, 월세를 연체하는 임차인도 없어 고수익의 이른바 알토란 같은 빌딩이었다. 더욱이 주변의 강남시장이 나날이 활성화되니 시장 방문객이 많이 늘어나고, 이들의 주차장 및 근린상가 이용률도 높아져 빌딩의 가치는 해마다 상승했다.

2016년도에는 임대보증금은 10억 원, 월세는 1억 원이 됐다.

그렇다 보니 저금리 및 인구 노령화로 수익용 빌딩의 매매가 활발해져 경쟁력 있는 매물이 부족하자 개업 공인중개사들이 250억 원에 매각하라며 수시로 찾아왔다.

K사장은 매입 3년 만에 100억 원이 오른 사실에 너무나 기뻤으나, 매각 후 딱히 투자할 대안이 없기에 제안을 거절하는 한편, 300억 원에 매입할 의향자가 있다면 고려할 수 있다고 했다.

K사장 외 1인의 예상 투자 수익

K사장 외 1인의 빌딩 매입 총 투자비는 제세비용 등을 포함해서 157억 5,000만 원(매입가격 150억 5,500만 원+취득세 4.6%+기타비용)이었으

며, 순 현금 투자는 28억 6,300만 원(157억 5,000만 원-은행 대출 120억 원-임대보증금 8억 8,700만 원)이었다.

K사장 외 1인이 매입 6년 만인 2019년 4월경 300억 원 이상에 매각한다면 현금 28억 6,300만 원을 투자해서 임대소득 포함 170억 원 이상의 수익을 얻는 대박을 터트릴 수 있다(세금공제 전).

 **투자 성공 포인트**

1. **매입가격이 시세 대비 아주 저렴했다.**
   - 매도자의 장부가격이 200억 원인 빌딩을 22.5% 할인된 155억 원에 매입했다.
   - 두 차례에 걸쳐 할인된 매도가격을 매도자의 급한 사정을 이용해 또다시 10억 원 할인하는 묘수를 사용했다.

2. **매입 빌딩 자체의 내재가치가 최상이었다.**
   - 제2종 일반주거지역 빌딩이지만 건폐율 89.71%, 용적률 656.55%로 인허가 시 혜택을 받아 지은 빌딩이었다.
   - 대지가 1,232.3m²(372.77평), 연면적이 8,529.57m²(2,580.19평)로서 동 가격 대비 최상의 빌딩이었다.
   - 캡레이트가 6.5%나 됐다.
   - 인구밀집도가 높은 강남시장 옆 6×6m 코너에 위치했다.

3. **앵커테넌트가 입점해있어 임대의 안정성이 뛰어났다.**

4. **미래가치가 뛰어날 것으로 예상됐다.**
   - 주변의 강남시장이 재개발 계획이 돼있어서 향후 가치 상승이 예견됐다.

5. **공실 리스크가 없는 관계로 레버리지 효과를 최대한 활용해서 수익을 극대화했다.**

가시성이 마음을 훔쳤다

구 분	내 용		
명	가시성이 마음을 훔쳤다		
대지위치	인천시 남동구		
대지면적	978m² (295.85평)		
지역/지구	준주거지역		
건물구조	철근콘크리트구조		
건물규모	지하 1층~지상 5층		
건축면적	584.165m² (176.71평)	연면적	3663.528m² (1,108.22평)
건폐율	59.73%	보증금	4억 7,500만 원
용적률	295.496%	월 세	3,600만 원
냉난방	개별	관리비	300만 원
승강기	1대	주 차	총 22대
공시지가	20억 4,360만 2,000원	도 로	25×12×6m
특 징	전철역 도보 3분 거리 / 바다 조망권 확보 / 배후지역 아파트 20,000세대		
준공일	2013. 08. 29.	매각가격	73억 원

가시성 좋은 수익용 빌딩을 찾아라

　Y회장은 부친의 사업 실패로 가족이 뿔뿔이 흩어져 초등학교 4학년 때 강원도에서 혈혈단신 서울에 와서 안 해본 게 없을 정도로 힘들게 어린 시절을 보냈다. 그는 10대 후반에 금형 기술자가 됐고, 열심히 노력해서 30대 중반에는 금형회사 사장이 됐다.

　Y회장은 금형을 파서 중소기업에 납품만 해서는 미래가 불투명하며 부가가치 높은 새로운 일을 해야 한다고 항상 생각했다. 그러던 중 Y회장으로부터 금형을 납품받은 업체들이 플라스틱 용기를 찍어서 큰돈을 버는 것을 보고, 본인도 이 분야로 나간다면 미래가 있을 것으로 생각했다.

　Y회장은 아이디어가 가미된 플라스틱 상품을 시장에 출시해 성공하기 위해서는 선진국인 일본에 가서 좋은 제품을 가져와 모방하는 것이 지름길이라 판단했다. 이에 일본에 가기로 결정하고, 일본어는 배운 적이 없기에 현지인과의 간단한 대화를 위한 포켓용 일본어 교습책을 주머니에 넣고 일본에 갔다. Y회장은 일본의 슈퍼마켓에서 아이디어가 가미된 플라스틱 생활용품을 구매해서 한국으로 돌아와 분석한 후 아이디어 제품을 대량 생산 판매해 큰돈을 벌었다. 한편 Y회장은 자기 자신은 너무 가난한 어린 시절을 보낸 탓에 배운 것은 없지만 가난은 자녀들에게 물려주지 않을 것을 신조로 삼고 항상 열심히 노력했다.

　그러던 중 가까운 지인이 맹지(盲地)에 투자해 수십 배의 수익을 올리는 것을 보고, 플라스틱 상품을 판매해 남긴 수익금으로 경기도 쪽에 길이 없는 맹지를 헐값에 구입했다. 이후 길을 낼 수 있는 주변의 일부 토지를 구매하는 방법으로 맹지의 가치를 올리고 이를 공장용지로 매각해 엄청난 부가가치를 창출했다.

 이런 맹지 투자를 몇 번 반복한 후 수익이 너무 좋다고 판단한 Y회장은 플라스틱 아이디어 상품 제조업은 제품 모방자가 너무 많아서 더 이상 계속하는 것은 바람직하지 않다고 판단하고 회사를 직원에게 매각하고 자신은 부동산 투자자로 전업했다.

 Y회장이 주로 하는 부동산 투자는 맹지 투자부터 미래가치가 뚜렷한 빌딩을 매입해 임대수익을 받다가 매각차익을 얻고 파는 일이었다.

 Y회장은 2012년 딸이 호텔을 운영하고 싶다 해 구입했으나 갑작스러운 결혼으로 운영할 수 없게 된 대전의 호텔을 강남구 역삼동 빌딩과 교환 매매해 소유하고 있었는데, 이후 이 빌딩을 어렵게 매각하고 받은 현금을 은행에 예금시켜 놓고 있었다. 그러던 중 평소 알고 지내던 개업 공인중개사로부터 인천 신도시 바닷가에 신축 빌딩이 저렴한 가격에 매물로 나와 있으니 구경 가자는 연락을 받고 같이 현장에 가보고 너무 좋아했다.

 매물로 나온 빌딩은 대지가 978m^2(295.85평, 준주거지역), 연면적이 3,663.528m^2(1,108.22평, 지하 1층~지상 5층)였다.

빨리 싸게 구입하게 해달라

 이 신축 빌딩의 장점으로 첫째는 25×12×6m 3면 코너에 위치했다. 둘째는 신축이며 파란색 유리로 전면을 덮은 모습이 아주 깔끔해 가시성이 뛰어났다. 셋째는 용적률 혜택을 보는 준주거지역에 지어졌다. 넷째는 바다를 조망할 수 있는 희소성이 있었다. 다섯째는 아파트

20,000세대를 배후로 갖고 있고, 어시장도 가깝게 있어 아파트 상권과 공휴일 관광 상권이 겹치는 곳이었다.

반면에 단점으로 첫째는 1층과 5층 일부를 제외하고 대부분 공실이었다. 둘째는 매도가격은 70억 원으로 조금 비쌌다. 셋째는 공사비를 아끼려 빌딩 건축 시 허름한 자재가 사용됐다.

이 빌딩을 본 후 장점에 빠져서 너무나 마음에 들어 한 Y회장은 이튿날 부인과 함께 다시 빌딩을 보러 갔다. 빌딩을 본 Y회장의 부인은 위치가 바닷가라 옥상에 별장식으로 간이 주택을 짓고 일주일에 한 번씩 친구들을 초대해 파티를 하면 아주 좋겠다고 상당히 호의적으로 얘기했다.

이에 성격이 급한 Y회장은 이 빌딩을 소개한 개업 공인중개사에게 가격이 60억까지 네고가 되겠느냐고 물으니 개업 공인중개사는 65억 원 밑으로는 안 된다고 했다.

Y회장이 판단해봤을 때 대지 및 연면적은 65억 원의 가치가 있으나, 임대가 상당 부분 돼있지 않아 현재의 수익성이 너무 나쁘고 임대를 놓으려면 상당한 시간이 필요할 것 같았다. 또한 빌딩 상태를 면밀히 봤을 때 건축비도 얼마 들지 않은 날림 공사를 한 것을 봐서 60억 원이 아니면 어렵겠다고 판단했다.

Y회장은 부인과 60억 원이면 매입하자고 협의 완료하고, 이 빌딩이 매물로 나온 사실을 알고 있는 근처 개업 공인중개사에 가서 60억 원이면 당장 계약하겠다고 말했다.

근처 개업 공인중개사는 3시간에 걸쳐 매도자를 설득했고, 경기도 부근 섬에서 펜션부지 개발을 하던 매도자는 자금 사정이 너무 어려워서 60억 원에 매각하겠다고 동의했다. 이에 같은 날(2014년 11월 5일) 오후 5시경에 매매가격 60억 원에 계약을 체결했다.

기회가 오면 몰아쳐서 목적을 달성하라

빌딩 매입 잔금 지급일은 계약 후 1개월 15일 뒤인 2014년 12월 20일로 정했고, 그 사이 Y회장은 주거래 은행에 얘기해서 매입 계약한 빌딩을 담보로 한 대출 30억 원을 신청했다. 또한 가까운 친구인 강남의 유명 빌딩 컨설턴트인 K사장에게는 잔금 처리 시 같이 가서 매입 절차를 주관해달라고 부탁했다.

잔금 일이 돼 대출 담당 은행원과 은행에서 위촉한 법무사, 빌딩 컨설턴트 K사장 등과 같이 빌딩 근처에 있는 개업 공인중개사 사무실로 가 매입 서류를 검토했다. 그런데 그 과정에서 빌딩 컨설턴트 K사장이 빌딩은 집합건물로 돼있는데 4개로 구분된 1층 상가가 전부 위반건축물로 구청에 등재돼있는 것을 발견하고, 이는 계약 조항 위반이므로 이대로 잔금을 지급해선 안 되며 계약을 해지하든지, 아니면 위반건축물을 매도자가 해결한 뒤에 잔금을 지급해야 한다고 Y회장에게 조언했다.

빌딩의 위반건축물은 해결될 때까지 이행강제금이 계속 나온다는 것을 들은 Y회장은 K사장의 조언대로 잔금을 지급하지 않으면서, 매도자에게 계약을 해지할 테니 두 배의 위약금을 내놓든지, 아니면 위반건축물을 정리하고 빌딩을 정상적으로 해놓은 다음에 보자고 통보 후 철수했다.

본인이 하고 있는 개발 사업에 공사비를 지급해야 해서 자금이 급했던 매도자는 일주일 동안 공사해 위반건축물 부분을 원상 복구한 후 잔금을 지급하라고 Y회장에게 통보했다. 그러나 Y회장은 빌딩 컨설턴트 K사장의 조언대로 계약을 매도자가 위반했으니 계약을 해지하고 계약서에 명기된 대로 위약금을 받아야겠다고 매도자를 압박했다.

이에 다급해진 매도자는 위약금 지불 대신 3억 원을 깎아 주겠다고 제안했으나, Y회장은 5억 원을 할인한 55억 원이면 매입을 하겠다고 주장했다. 결국 매도자가 이에 동의해 Y회장은 2015년 1월 2일 70억 원의 빌딩을 55억 원에 매입하는 행운을 잡았다.

수익 창출(創出)은 신속하게

Y회장은 빌딩 매입 후 신축 빌딩이고 바다 조망권이 있는 관계로 공실에 대한 임대가 순조롭게 풀릴 거라고 예상했지만 주변에 또 다른 신축 빌딩들이 많이 있어 쉽지 않았다.

이에 Y회장은 빌딩 컨설턴트 K사장에게 도움을 요청했고, K사장은 공실을 해소하기 위해 빌딩 소재 주변 100여 곳의 1층 개업 공인중개사들에게 임대 주선을 부탁했다. 이런 노력이 기초가 돼 매입 6개월 만에 공실이 해소됐으며, 빌딩의 가치도 올라가서 70억 원에 매각해도 손색이 없는 빌딩으로 변모했다(임대보증금 4억 7,500만 원, 월세 3,600만 원, 관리비 300만 원).

2015년 10월 Y회장은 임대료를 잘 받고 있었지만 매각차익을 실현하고 싶어 했다. 매입자 명의를 Y회장의 가족 법인으로 했기에 양도차익에 대해서는 법인세 20%를 납부하면 되니 빠른 매각에 따른 양도세 걱정은 하지 않았다. Y회장은 싼 가격에 매입했기에 70억 원에 매각하더라도 짧은 기간에 상당한 수익이 볼 수 있으니 본인이 매입할 당시 매도자가 매입하라고 제시한 가격인 70억 원에 매각하려고 했고, 이 가격으로 빌딩 주변 개업 공인중개사 및 강남의 빌딩 매매 전문 부동산 중개법인들에 매각을 의뢰했다.

그러나 55억 원의 매입가격이 부동산 등기부등본에 노출돼있어 많은 매입 의향자가 현 시가가 70억 원이 넘더라도, 매도자가 짧은 시간에 너무 많은 이익을 챙겨간다고 생각해서 매입가격을 65억 원으로 제시했다.

그러나 Y회장은 70억에서 1원이라도 깎아서는 안 팔겠다고 고집했고, 그러던 중 매각을 시작한 지 1년 1개월 만인 2016년 11월 강남 지역 부동산 중개법인의 소개로 69억 5,000만 원에 매각했다.

Y회장의 투자 수익

Y회장의 빌딩 매입 총 투자비는 제세비용 등을 포함해서 57억 8,500만 원(매입가격 55억 원+취득세 4.6%+기타비용)이었으며, 순 현금 투자는 24억 8,500만 원이었다(57억 8,500만 원-융자 30억 원-임대보증금 3억 원).

Y회장은 현금 24억 8,500만 원을 투자해서 1년 10개월 만에 임대소득 포함 17억 7,500만 원(매각가격 69억 5,000만 원-총 투자비 57억 8,500만 원+대출이자 제외 순 임대수익 6억 1,000만 원)의 투자 수익을 얻었다(세금공제 전).

 **투자 성공 포인트**

1. **시세 대비 저렴하게 매입했다.**
   - 급하게 자금이 필요한 매도자의 약점을 잘 이용한 빌딩 전문가의 예리한 조언을 활용해서 예상보다 아주 싼 가격에 매입했다.

2. **빌딩의 내재가치가 좋았다.**
   - 대지가 978m^2(295.85평, 준주거지역), 연면적이 3,663.528m^2(1,108.22평, 지하 1층~지상 5층)로서 55억 원에 매입한 빌딩 중에서는 상위 레벨이었다.
   - 25×12×6m 3면 코너에 위치했다.
   - 신축이며 파란색 유리로 전면을 덮은 모습이 아주 깔끔해 가시성이 뛰어났다.
   - 아파트 20,000세대를 배후로 갖고 있고, 어시장도 가깝게 있어 아파트 상권과 공휴일 관광 상권이 겹치는 곳이었다.
   - 바다를 조망할 수 있는 희소성이 있어서 임차인들이 선호했다.
   - 전철역이 가까워 임차업체들을 쉽게 유치했다.

3. **가격 대비 대지 및 연면적이 커서 나이가 많은 매입 의향자들이 좋아했고 환금성이 높았다.**

위반건축물

1. 위반건축물이란?

건축법에서 정한 절차를 거치지 않고, 불법으로 증축·대수선·용도변경 등의 행위를 한 건축물을 말한다.

2. 위반건축물의 이행강제금 부과

- 위반건축물에 대해서는 2회의 시정명령이 내려진 후 이를 시정하지 않을 시 매년 이행강제금이 부과된다.
- 이행강제금은 위반면적에 시가표준액과 적용률을 곱해서 계산한다. 전용면적 85m² 이하 주거용 건물은 지방자치단체 조례에 따라 50% 감면이 가능하다. 이행강제금을 잘못 계산해 과다 납부한 경우 과오납 환급 신청(소멸시효 5년)이 가능하다.

3. 위반건축물의 양성화

- 건축물대장에 기재돼있는 '용도'와 다른 용도로 사용해 시정명령을 받게 되면 용도변경을 통해 양성화하면 된다.
- 증축 등에 의해 위반건축물이 된 경우는 한시적인 특별조치법에 의해 위반건축물 양성화가 건물주 신청에 의해 가능하다. 단, 이는 특정 면적의 단독주택이나 다가구 주택에 한하고, 일반 빌딩에 대해서는 해당 사항이 없다.

레버리지(Leverage) 효과를 최상으로 이용하라

이미지 사진입니다

구 분	내 용		
명	레버리지(Leverage) 효과를 최상으로 이용하라		
대지위치	서울시 관악구		
대지면적	210.8m² (63.77평)		
지역/지구	제3종 일반주거지역		
건물구조	철근콘크리트구조		
건물규모	지하 1층~지상 6층		
건축면적	86.44m² (26.15평)	연면적	638.25m² (193.07평)
건폐율	47.81%	보증금	6,000만 원
용적률	249.87%	월 세	1,500만 원
냉난방	개별	관리비	포함
승강기	1대	주 차	총 4대
공시지가	5억 7,620만 9,600원	도 로	8×8m 코너
특 징	전철역 도보 3분 거리/ 고시원 30EA / 주택 방3 1EA		
준공일	2010. 09. 13.	매각가격	22억 원

최소 투자로 최고 수익을 올려라

　경매 물건을 주로 투자 대상으로 삼아 개인 투자를 하던 K사장은 2012년 초 단순 경매 컨설팅보다 부동산에 설정된 근저당권을 전문적으로 매매하면 상당한 수익을 올릴 수 있다는 지인의 권고를 받아들여, 삼성동에 근저당권을 전문적으로 거래하는 사무실을 오픈했다.

　이런 업무에서 좋은 성과를 내기 위해서는 수익성 있는 경매 물건을 많이 접해야 했고, 그러기 위해서는 저축은행 및 새마을금고, 그리고 은행의 부실채권(NPL)을 주로 거래하는 유동화회사들과의 밀접한 관계가 중요했다. 평소 이런 금융기관과의 친분을 잘 유지한 K사장은 나날이 사세가 번창했고, 2014년에는 사무실을 서초동 교대역 인근으로 확장 이전하고 전국에 6개 지사도 개설했다.

　그러나 시간이 갈수록 이 분야도 사업 성공률이 높다는 소문에 신규 업체가 많이 진입함으로써 점차 어려워졌다. K사장은 이를 타개하기 위해 사업 범위를 좀 더 넓히기로 했다.

　새로운 사업이란, 지인들로부터 투자를 받아서 빌딩을 매입하고 이를 리노베이션해 수익성이 높은 빌딩으로 개선해 매각한 뒤 그 매매차익을 나누는 것이었다. K사장은 이 사업에 매진하기로 하고 매물 찾기에 나섰다.

　그러던 중 2015년 8월경 신림역 인근에 준공한 지 5년이 된 공실 리스크도 없을 것 같고, 건물도 잘 지어진 원룸 빌딩이 경매로 나온 것을 확인하고 검토를 시작했다.

　이 원룸 빌딩은 대지 210.8m²(63.77평), 연면적 638.25m²(193.07

평, 지하 1층~지상 6층, 원룸 30EA, 3룸 1EA, 원룸 풀옵션)로 법원 감정가는 16억 6,714만 원이었다.

장단점을 비교 검토하라

이 원룸 빌딩의 장점으로 첫째는 건축한 지 5년밖에 되지 않아 수리비가 별로 들지 않을 것 같았고, 둘째는 원룸이 풀 옵션으로 구성돼있었으며, 셋째는 위치 및 주변이 주거밀집 지역이라 향후에 공실 리스크가 없어 보였으며, 넷째는 2차 경매에 참가해 매입할 시 매입가격이 주변 시세 대비 저렴했다.

반면에 단점으로 첫째는 전철역에서 5~6분 거리에 있어 다소 멀었고, 둘째는 임차인들 전체를 그대로 승계받는 것이 아니어서 재 임차 여부를 다시 선별해 공실이 발생할 시 신규 입주에 시간이 걸려서 수익 없이 비용이 발생한다는 것이었다.

경매 전문가인 K사장은 2차 입찰에 참가해 13억 3,371만 원에 인수해서 전체를 임대 놓았을 때의 캡레이트를 분석하고, 향후 2, 3년 후에 매각했을 때 매각차익이 얼마나 나올지 섬세하게 검토했다.

검토 결과 K사장은 단점은 매입에 걸림돌이 되지 않으며 장점이 많은 빌딩이라 인수하기로 결정했고, 2차 입찰에 맞춰 경매에 참가하기로 했다.

예상대로 이 빌딩은 1차 경매일(2015년 10월 1일)에는 유찰됐고, 2차 입찰일인 2015년 11월 5일 입찰가인 13억 3,371만 원에 응찰하려고 경매 현장을 체크하던 K사장은 고민이 많아졌다. 이 분야의 고수인 K

사장은 입찰자가 15명으로 너무 많아서 가격을 많이 높이지 않으면 경락받기가 어려울 것으로 판단했고, 한편으로는 입찰 전에 이런 현상이 일어났을 때 어떻게 할 것인지 그 대응 방법을 준비했었다.

K사장이 사전에 준비한 입찰 가격을 올리는 데 있어서의 기준은 캡레이트와 향후 매각가격 등이었고, 이를 고려해 검토했을 때 최고로 입찰할 수 있는 가격은 17억 원이 마지노선이었다. K사장은 이 가격이 넘으면 본인 빌딩이 아니라고 판단하고, 이 가격으로 입찰해 다행히 경락을 받았다.

K사장은 이 원룸 빌딩은 취득 후 짧은 시간 내 수익이 발생하는 수익용 빌딩이라 현금 투자는 적게 하고, 외부 차입금으로 투자 이익을 극대화하는 레버리지 효과를 최대한 활용해야 한다고 생각했다. 따라서 은행 대출을 많이 받아서 캡레이트를 높였고, 이는 나중에 매각 시 매입 예정자들이 쉽게 선택할 수 있는 조건이 될 것이라 판단했다.

2015년 12월 22일 경락 잔금 납부 시 대출을 많이 받기 위해 대출 금융기관 요청으로 이 원룸 빌딩을 신탁사에 관리신탁으로 위탁하고 은행으로부터 경락 잔금의 82.35%인 14억 원을 대출받았으며, 현금은 3억 8,000만 원(취득세 4.6% 및 등기비용 포함)을 투자했다.

시설 상태를 파악하고 임차인들의 계속적인 임차 방법을 찾아라

K사장은 경락 잔금을 법원에 납부한 뒤에 내부 시설 및 풀옵션 상태를 파악하고, 임차인 개개인과 미팅도 했다. 대부분의 시설은 전체적

으로 양호했으나, 지하층에 있는 원룸 5개가 풀옵션이 아닌 것을 파악하고 이를 임대 놓을 때는 월세를 10만 원 적게 내게 하는 등 차등을 뒀다.

또한 1층에서 6층까지 기존 25명의 임차인 중 10인은 재계약을 했고, 15인은 퇴실시켰으며, 15개의 공실은 인터넷을 통해 임차인을 모집하는 인터넷 부동산 중개업소를 활용해서 3개월 만에 임차인을 유치해 전체를 임대 완료했다.

임차인들은 인근 대학교 재학생 및 중국에서 온 유학생, 강남 지역 사무실로 출퇴근하는 사무원 등이었다.

전체 임대 완료 시 보증금이 1억 3,000만 원, 월세가 1,500만 원이었다.

매각가격을 산정하고 매입자를 찾아라

K사장은 이 원룸 빌딩을 취득하는 목적을 월세보다는 매각차익을 얻는 것에 중점을 뒀기에 임차인들이 다 들어왔을 때 매각을 진행하기로 했다.

K사장이 검토한 매각가격 산정 기준을 보면 첫째는 캡레이트 6.7%를 기준으로 했을 때 매각가격이 28억 원이 나왔고, 둘째는 토지가격과 건물가격을 합쳤을 때 22억 5,000만 원(토지가격 16억 원+건물가격 6억 5,000만 원)이 나왔다.

K사장은 고민 끝에 양 사정가격의 중간선인 25억 원에 시장에 내놨고, 6개월 만에 퇴직한 은행원에 매각됐다.

K사장의 투자 수익

K사장의 빌딩 총 투자비는 건물 구입비와 제세비용 등을 포함해서 17억 5,000만 원(은행 대출 14억 원+현금 3억 5,000만 원)이었으며, 융자금 및 임대보증금을 제외한 실투자금은 2억 2,000만 원이었다.

K사장은 현금 2억 2,000만 원을 투자해 1년 만에 임대료 수입을 포함해 8억 5,000만 원의 매각차익(세금공제 전)을 얻었다.

투자 성공 포인트

1. **준공 연도가 오래되지 않은 원룸 빌딩을 선택했다.**
   - 원룸은 추가 비용 절감을 위해 내부 시설과 풀옵션 기기 등이 허름하지 않은 것을 선택해야 한다.

2. **치밀한 검토 후 매입가격 상한을 정해 실천했다.**
   - 통상적으로 경매를 통한 매입은 매입가격이 법원 감정가보다 낮았지만, 이 건은 2차 경매인데도 입찰자 과다로 낙찰가격이 최초 입찰가보다 높았고, 이를 냉철한 판단으로 사전에 입찰가격을 정한 것이 주효했다.

3. **입지 분석 후 미래가치 상승을 예견했다.**
   - 전철역에서 5~6분 거리에 있는 주거밀집 지역에 위치한 공실이 발생하지 않는 빌딩을 선택했다.

4. **외부 차입금으로 투자 이익을 극대화하는 레버리지 효과를 최상으로 이용했다.**
   - 최대의 대출을 위해서 신탁회사에 담보 신탁했다.

기업 구조조정의 세일 앤 리스백
(Sale & Lease Back)

구분	내용		
명	기업 구조조정의 세일 앤 리스백(Sale & Lease Back)		
대지위치	서울시 강남구		
대지면적	732.90㎡ (221.70평)		
지역/지구	일반상업지역, 제3종 일반주거지역		
건물구조	철근콘크리트구조		
건물규모	지하 2층~지상 6층		
건축면적	363.92㎡ (110.08평)	연면적	3,241.00㎡ (980.40평)
건폐율	49.65%	보증금	80억 원(5년 임대)
용적률	265.47%	월 세	8,000만 원(5년 임대)
냉난방	개별	관리비	자체 관리
승강기	1대	주 차	총 30대
공시지가	91억 6,125만 원	도 로	35m 대로변
특 징	도산대로 사거리 대로변		
준공일	1984. 01. 16.	매각가격	200억 원

강남 지역의 알짜 매물은 어떻게 찾는가?

2008년 세계 금융 위기로부터 파급된 국내 경기 침체가 2010년 급격한 국내 부동산 경기 하락에 영향을 미쳤고, 이에 아파트 및 상가 미분양이 속출해 부동산 개발업체들은 부도에 직면했다.

이 여파로 부동산 개발업체들에 PF(Project Financing) 관련 대출, 즉 브릿지론(Bridge Loan)을 해줬던 저축은행들이 대거 부실해졌고, 2011년 1월 증자를 통해서 부실을 털어내지 못한 삼화저축은행을 시작으로 상반기에만 7개 저축은행이 대거 퇴출당했다.

이런 절대 절명의 상황 속에서 부실 징후가 발견돼 정부로부터 개선 명령을 받은 저축은행들은 퇴출당하지 않기 위해 대거 자산매각에 나섰다. 이 중 상장 저축은행이면서 경기권과 영남권 등에 3개의 자회사 저축은행을 보유하고 있던 H저축은행은 보유한 자산 중 큰 부분인 도산대로에 있는 사옥 매각에 집중했다.

이 사옥은 대지 732.9m²(221.7평), 연면적 3,241m²(980.4평, 지하 2층~지상 6층)로 도산대로변 노선상업지역에 있었으며, 시세는 대지 3.3m²당 1억 원으로 총 221억 원이었다.

그러나 급히 매각해야 하는 H저축은행은 매각가격을 총 200억 원(3.3m²당 9,000만 원)으로 시세보다 낮춰서 정했고, 매각 후 본인들이 보증금 80억 원, 월세 8,000만 원에 5년 임차하는 세일 앤 리스백 방식(기업이 소유하던 자산을 매각하고 다시 리스계약을 맺어 이를 사용하는 형태)으로 부동산 매매 시장에 내놨다.

이 매물이 나오자 강남 지역 빌딩 전문 부동산 중개법인들은 자신들의 오래된 고객들에 아주 매력적인 수익용 빌딩으로 홍보했고, 10여 명의 매입 의향자가 급하게 매입을 검토했다.

매입 의향자 중 중소기업을 경영해 자산을 축척한 C회장은 강남 지역의 대로변에 가시성이 뛰어난 빌딩을 사기 위해 6개월 이상을 발품을 팔고 있었는데, 평소 빌딩 매물을 많이 소개해주던 부동산 중개법인의 L팀장으로부터 이 빌딩을 소개받았다.

C회장은 50여 건의 빌딩 매물을 검토했으나 마음에 드는 빌딩이 없어서 고민하던 중에 이 빌딩 매물을 소개받고 자신이 부동산을 매매했을 때의 경험과 부동산 중개법인의 L팀장의 브리핑 내용을 토대로 여러 가지 분석을 했다. 분석 결과 C회장은 몇 가지 장단점을 확인할 수 있었다.

장단점을 분석하라

장점으로 첫째는 건물이 신축된 지 28년이 지나서 건물 잔존가치는 없다고 보고 대지가격으로 평가해봤을 때 시세보다 3.3m²당 1,000만 원이 저렴한 점, 둘째는 매입 후 H저축은행이 5년간 좋은 조건(보증금 80억 원, 월세 8,000만 원)으로 임차해주는 점(세일 앤 리스백), 셋째는 도산대로가 한창 가격이 상승하는 지역이라 선호도가 높은 점이었다.

단점으로는 장기 임차한 H저축은행이 파산해서 월세가 나오지 않는다면, 현금이 부족해서 일부 대출을 받아 구입하려는 C회장에게 상당한 부담이 된다는 것이었다.

그러나 H저축은행이 대형이고, 저축은행이 퇴출되면 예금보험공사로 넘어가 예금보험공사가 임차인의 지위를 계승할 거라는 부동산 중개법인의 L팀장의 얘기를 듣고 2011년 12월 29일 은행 대출을 65억 받아서 200억 원에 매입했다(융자 65억 원, 현금 55억 원, 제세비용 10억 원, 자기자금 65억 원 투자).

임차인 파산 대응책은?

H저축은행은 소유 자산을 매각하는 등 여러 가지 자구 노력을 해 금융감독기관의 요구대로 국제결제은행(BIS) 자기자본비율을 개선하려 했지만, 부동산 PF 관련 대출액이 너무 컸고 이로 인한 부실을 처리하지 못해 2012년 5월 6일 경영 정상화를 이루지 못한 4개 저축은행에 포함돼 영업 정지되고 말았다. 결국 2013년 6월 28일 H저축은행은 파산해, 모든 H저축은행 자산은 예금보험공사로 넘어갔다.

C회장은 임차업체가 영업 정지 및 파산에 이르는 등 어려운 상황으로 임차료가 제때에 들어오는 것이 어렵게 되자 매입 시 받은 은행 대출금 이자 지급 등을 어떻게 처리해야 할지, 여러 가지 불안한 마음에 빌딩 매각에 나섰다.

매각가격 산정

C회장은 마음은 급하지만 이 시점에서 매각가격 산정을 냉철하게 해야만 수익이 나올 수 있다고 생각하고 여러 가지 관점에서 매각가격 검토를 했다.

첫째는 매입 의향자들이 좋아하는 도산대로 입지의 빌딩이라 시세 대비 가격이 5~10% 낮으면 쉽게 매각될 수 있겠다고 판단했고, 둘째는 수익용 빌딩을 매입하려는 의향자들에게는 현재 사용하고 있는 H저축은행이 파산했으니 실질적으로 공실 상태나 마찬가지라 재임대 후 캡레이트는 4.5% 기준으로 산정했으며, 셋째는 회사 사옥을 필요로 하는 법인을 매입 의향자로 봤을 때의 가격 산정은 주변의 매매 사례를 기준으로 판단했다.

C회장은 세 가지 방법을 감안해 매각금액을 230억 원으로 정했고, 이 가격으로 부동산 매매 시장에 매물로 내놓았다.

매물로 내놓은 지 3개월 만인 2013년 9월 12일 강남 지역 빌딩을 매입해 부동산 임대 사업을 전문적으로 하고 있었던 L사장이 230억 원에 매입했다.

C회장의 투자 수익

C회장의 빌딩 매입 총 투자비는 210억 원(매입비 200억 원+제세공과금 및 기타비용 10억 원)이었으며, 은행 대출 65억 원과 임대보증금 80억 원을 제외한 순 현금 투자는 65억 원이었다.

C회장은 현금 65억 원을 투자해 1년 9개월(2011년 12월 29일~2013년 9월 12일) 만에 임대료 수입을 포함해 총 51억 원의 투자 수익(임대료 수입 21억 원+매매차익 30억 원, 세금공제 전)을 얻었다.

 **투자 성공 포인트**

1. **시세보다 저렴한 빌딩을 매입했다.**
   - 기업 구조조정 매물이라 시세보다 저렴했다.
   - 시대적 상황을 잘 파악하고, 경쟁자들보다 빠른 선택을 했다.

2. **세일 앤 리스백 형식의 빌딩 매입이라 임대료 수입이 좋았다.**
   - 일반적인 임대차 계약보다 임대료를 많이 받았다.

3. **내재가치가 좋은 빌딩을 선택했다.**
   - 계속적으로 발전해 매입 의향자들의 선호도가 높은 도산대로변 빌딩이었다.
   - 노선상업지역으로 신축 시 용적률에 장점이 있어서 환금성이 뛰어났다.

"하기 싫은 일에는 핑계가 보이고, 하고 싶은 일에는 방법이 보인다"

_필리핀 속담

다양한 형태의 빌딩 투자

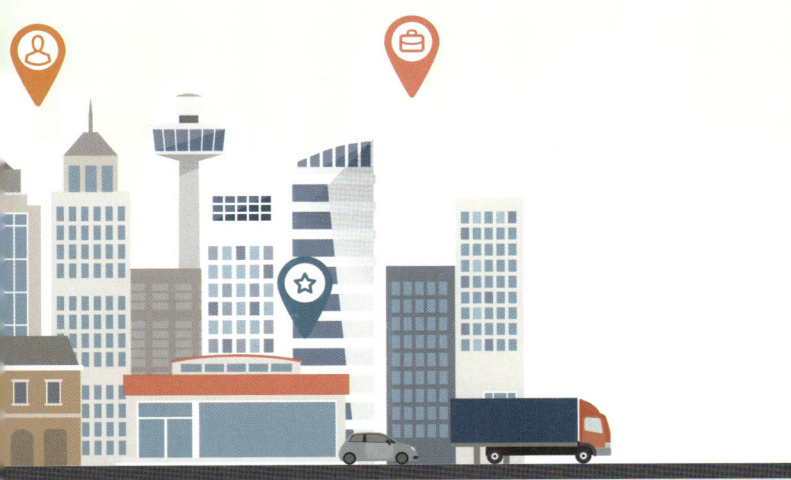

CHAPTER 01

K전력공사와 공유하는 빌딩

"더 멀리 가고 싶으면 함께 가세요"

_아프리카 속담

IMF 사태가 가져다준 행운

구분	내용		
명	IMF 사태가 가져다준 행운		
대지위치	서울시		
대지면적	881.74m² (266.73평)		
지역/지구	제2종 일반주거지역		
건물구조	철근콘크리트구조		
건물규모	지하 2층~지상 5층		
건축면적	1,159.93m² (350.88평)	연면적	6,377.56m² (1,929.21평)
건폐율	66.53%	보증금	45억 9,837만 원
용적률	296.13%	월세	8,046만 원
냉난방	개별	관리비	3,589만 원
승강기	2대	주차	54대
공시지가	102억 2,818만 4,000원	도로	15×8×6m 코너
특징	전철역 1분 거리 / 감정가액 318억 6,100만 원		
준공일	1990. 10. 30.	매각가격	280억 원

[구분 소유 현황]

- 지하 3, 4, 5, 6층 K전력공사 소유
- 토지 및 건물 지분에 의한 분할

구분	D건설			K전력공사			합 계		비고
	m²	평	지분율	m²	평	지분율	m²	평	
토지	881.74	266.73	50.6%	861.86	260.71	49.4%	1,743.60	527.44	
건물	6,377.56	1,929.21	53.9%	5,462.80	1,652.50	46.1%	11,840.36	3,581.71	

※ 토지는 지분이며 건물은 구분 건물로 면적으로는 53.9%나 임대가 가능한 지하 2층에서 지상 5층까지는 100% D건설 소유이며 임대가 불가능한 지하 3층~지하 6층만 K전력공사 소유다.

강남 지역의 노른자 빌딩을 소유하자

건설회사에서 직장 생활을 시작한 C회장은 1991년 부산에 D건설회사를 설립해 운영하면서 짧은 시간에 많은 재산을 모았고, 항상 서울 강남 지역으로 진출하려는 목표를 가지고 있었다.

그러던 중 1996년 초 지인의 소개로 만난 S유통㈜으로부터 강남 지역 전철역 인근의 빌딩 신축 공사를 해달라는 요청이 있어 검토한 결과, 일반적인 빌딩 신축과는 조금 다르게 지하층에 K전력공사의 변전시설을 넣는 빌딩 공사였다. S유통㈜은 빌딩 지하층에 변전시설을 건축해 K전력공사에 분양하기로 사전 계약을 맺고 공사하는 것이었고, C회장은 공사비를 받는 것이 목적이라 S유통㈜이 제공한 계획된 설계도대로 변전시설과 일반 빌딩을 복합해 짓기로 했다.

이 빌딩의 대지 평수는 1,743.6m²(527.4평, 제2종 일반주거지역), 건축물의 연면적은 11,840.36m²(3,581.7평, 지하 6층~지상 5층)였는데, 이 중 K전력공사에 분양할 대지면적은 861.86m²(260.71평, 전체의

49.4%), 연면적은 5,462.8m²(1,652.5평, 46.14%)였다.

1996년 11월 6일 공사 착수금을 받고 공사를 시작했고, 지하층 K전력공사 변전소 공사는 까다로운 면이 많았으나 많은 노력 끝에 성공적으로 공사가 진행되고 있었다.

그러나 IMF 사태가 터지자 발주자인 S유통㈜는 여기저기 과다한 투자가 발목을 잡아서 부도 위기에 몰렸고, 이에 공사비를 제때 지불하지 못하는 상황까지 이어져 10개월 정도 남은 공사가 제대로 마무리되기가 어려워졌다.

이런 어려움을 타개하고자 동분서주하던 S유통㈜의 사장은 1999년 초 C회장에게 공사 중인 빌딩 인수를 전격 제안했고, C회장은 급히 인수에 대한 검토에 들어갔다.

장단점을 검토하라

C회장의 검토 결과 이 빌딩의 장점으로 첫째는 강남 지역 전철 역세권의 상권이 안정된 지역에 위치했다. 둘째는 IMF 사태로 인해 부지가 시세보다 30% 저렴했다. 셋째는 빌딩의 지하 부분이 K전력공사에 분양이 확정돼있었다. 넷째는 3면 코너 입지로서 1층 상가가 활성화되기 좋은 형태였다. 다섯째는 K전력공사 분양대금을 제외하면 인수자금이 적게 드는 것이었다.

반면에 단점으로 첫째는 대로변이 아닌 이면도로에 위치해있었다. 둘째는 K전력공사의 변전시설이 지하에 있어 이를 임차인들이 기피할 경우 공실이 우려되는 것이었다.

C회장은 단점은 있지만 장점이 너무 많다고 생각해서 인수하기로 결정했고, 1999년 1월 15일 매입 계약을 체결한 후 1999년 10월 23일 완전 인수했다.

빌딩은 인수 일주일 후인 1999년 10월 30일에 준공했고, 준공 후 즉시 K전력공사로부터 분양대금 92억 원을 수령했다.

입점을 희망하는 변호사들

IMF 사태로 인한 경기 침체로 일반 신축 빌딩에 입주하려는 임차인들은 구하기 어려웠으나, C회장의 빌딩은 대형 관공서 인근에 위치한 관계로 주로 임차를 희망하는 업체는 법무법인, 변호사, 법무사 등이었다. 이들은 어려운 경기 상황으로 소송 사건이 많아졌고, 이로 인해 보다 경제 사정이 좋은 편이어서 C회장은 임차인 선정에 그다지 어려움은 없었다.

임대는 1층에 커피숍과 음식점, 2층에 레스토랑과 법무법인, 3층에 변호사 및 법무사 사무실 등으로 구성됐고, 공실은 별로 생기지 않았다.

임대 완료 후 임대료는 보증금 12억 5,000만 원, 월세 4,500만 원, 관리비 1,700만 원이었다.

새로운 사업 실패가 가져다준 시련

빌딩의 임대료는 우량임차인들이 많아서 꼬박꼬박 잘 입금됐고, 주업인 건축 공사는 관공서에서 발주하는 사업을 위주로 했기에 C회장은 어려움이 없었다.

그러나 2009년 사업 확장 차원에서 정부투자기관과 합작 사업을 진행했고 이로 인한 대박 꿈을 꾸던 C회장에게 전혀 예상치 못한 일이 발생했다.

정부투자기관은 2009년 C회장 회사와 업무 협약을 맺고 농림수산부로부터 사업 승인을 받은 후인 2010년 12월경 696억 원을 투입해서 강남 지역 전철역 사거리에 사업 부지를 매입했다.

그런데 이런 사실을 언론 보도를 보고 인지한 주변 주민들이 혐오 시설이라고 거세게 반대했고, 결국 2011년 9월 해당 구청에서 인허가를 불허하는 결정을 내렸다. C회장은 전혀 예상치 못한 일로 사전에 사용한 사업비용 256억 원의 손실을 보게 됐다.

C회장은 입은 손해가 너무 억울해 이를 어떻게든지 보전하기 위해 256억 원의 손해배상소송을 제기했으나, 법원이 24억 원의 배상만을 판결하면서 C회장은 232억 원의 손실을 입었다.

C회장은 은행 대출과 사채를 빌려 회생할 수 있는 방법을 찾았으나 어려웠고, 계속 사업을 유지할 수 없어서 하는 수 없이 소유한 빌딩을 매각하기로 하고 2013년 4월 300억 원 매각가로 부동산 매매 시장에 내놓았다.

매각가격 산정은 감정평가법인에 의뢰했고, 감정가격은 318억 원이 나왔으나 300억 원으로 낮춰서 부동산 매매 시장에 매각 요청했다. 그 이유는, 빨리 매각해야 하는 어려운 자금 사정과, 지하에 K전력공사 변전시설이 있어서 쉬운 매각이 아니란 것을 참작했다.

그러나 한 빌딩에 2개의 소유주가 있다는 것이 항상 걸림돌로 작용해 매각이 어려웠다. 그러다가 매각 시작 후 3년 만인 2016년 4월 임대 사업을 주업으로 하는 Y회장이 280억 원에 자녀 증여용으로 매입했다.

C회장의 투자 수익

C회장의 빌딩 신축 총 투자비는 147억 원(대지 구입비 36억 9,180만 원+건축비 107억 원+제세공과금 및 기타비용)이었으며, 순 현금 투자는 2억 5,000만 원(총 투자비 147억 원-K전력공사 분양대금 92억 원-은행 대출 40억 원-임대보증금 12억 5,000만 원)이었다.

C회장은 2억 5,000만 원의 현금 투자로 15년 만에 임대료 수입을 제외하고 총 195억 원(매각가격 280억 원-은행 대출 40억 원-매각 시점 임대보증금 45억 원)의 매각차익(세금공제 전)을 얻는 대박을 터트렸다.

그러나 실제적으로는 정부투자기관과 합작 사업 투자 손실로 매각차익이 전부 상계 처리돼 빌딩 매각으로 인한 투자 이익이 빛을 보지 못했다.

 **투자 성공 포인트**

1. K전력공사에 사전 분양 후 건축하는 빌딩을 인수했다.
   - 빌딩 지하에 K전력공사가 필요한 변전시설을 건축해 분양하고, 나머지 지상 건축물은 임대해 최고의 투자 안정성을 확보했다.
   - 빌딩 투자비는 K전력공사 분양대금으로 대부분 충당됐다.

2. 빌딩의 내재가치가 우수했다.
   - 안정적인 상권인 대형 관공서 앞에 위치한 빌딩을 선택했다.
   - 15×8×6m 3면 코너 입지라 가시성이 좋았다.

3. 우량업체들이 입점했다.
   - 임차업체는 법무법인, 커피숍, 음식점 위주로 입점했다.
   - 입점업체들의 이동이 적어서 임차 안정성이 좋았다.

4. 매입가격이 시세 대비 30% 저렴했다.

5. 빌딩의 대지가 공동 지분이지만 K전력공사 측이 지하층만 사용하는 관계로 K전력공사 측 대지면적 지분에 해당하는 지상 용적률을 C회장 측에서 소유 사용함으로써 동일 대지상에 건축된 일반적인 지상 건축물의 175%에 해당하는 지상 연면적을 소유하고 임대할 수 있어서 캡레이트 등에서 상당한 이익을 봤다.

정보 선점이 가져온 대박

이미지 사진입니다

구 분	내 용		
명	정보 선점이 가져온 대박		
대지위치	서울시		
대지면적	1,300.93m² (393.53평)		
지역/지구	준공업지역		
건물구조	철골철근콘크리트구조		
건물규모	지하 1층~지상 5층		
건축면적	1,744.75m² (527.79평)	연면적	2,688.75m² (813.35평)
건폐율	45.97%	보증금	직영
용적률	662%	월 세	직영
냉난방	개별	관리비	직영
승강기	1대	주 차	71대
공시지가	34억 6,307만 5,660원	도 로	12×8×8m 코너
특 징	1호선 전철역 도보 2분, 아파트 밀집지역		
준공일	2010. 01. 15.	매각가격	160억 원

Section 02 다양한 형태의 빌딩 투자 **197**

대지면적		합계		운동시설(2동)		변전소(1동)	
		3,795m²	1,147.99평	1,300.93m²	393.53평	2,494.07m²	754.46평
연면적	지상층	2,711.18m²	820.13평	2,512.44m²	760.01평	198.74m²	60.12평
	지하층	4,887.76m²	1,478.55평	176.31m²	53.33평	4,711.45m²	1,425.21평
	합 계	7,598.94m²	2,298.68평	2,688.75m²	813.35평	4,910.19m²	1,485.33평
건폐율		45.16%					
건축면적		1,713.9m²				518.45평	
용적율		74.44%					
용 도		복합 변전소, 근린생활시설(골프연습장 등)					
규 모		지하 3층~지상 5층					
구 조		철골철근콘크리트 구조					
주차대수	법정대수	73대					
	계획대수	73대					

핵심정보를 선점하고 실천해라

전기 공사업을 하는 K사장은 K전력공사로부터 공사를 수주하고 이를 이행해주는 일을 주업으로 하면서 자주 K전력공사 직원들과 어울렸다. 그러던 2005년 3월경 K전력공사 측에서 변전시설을 지하로 넣는 지중화 사업을 목표로 정하고 일정 지역에 그 시설부지를 찾는다는 정보를 자연스럽게 입수했다.

K사장은 이 시설을 자신이 건설해 K전력공사에 분양해도 된다는 K전력공사 직원의 얘기를 듣고 서둘러서 변전시설을 지을 땅을 찾아 나섰다.

아무리 지하에 시설한다 해도 변전시설은 주변 주민들이 혐오하는 시설이라 조금 외곽진 곳에 위치하고, 부지면적은 3,300m² 이상이어야 했으며, 지상 건축물은 임대할 수 있는 조건을 충족해야 했다.

유망한 여러 위치를 검토하던 중 2005년 10월경 전철역세권 대로변에 위치한 S섬유업체 공장이 이전한다는 소식을 들었다. 여러 조건상 이 공장을 매입해서 계획한 변전시설을 짓고 주변에 아파트가 많이 있으니 지상에는 골프연습장을 지어서 운영하면 아주 만족스러운 결과가 나올 것으로 생각했다.

장단점을 검토하라

이 부지의 장점으로 첫째는 대로변 전철역 가까운 곳에 위치하고 있었다. 둘째는 장방형의 토지 형태로서 지상에 골프연습장을 건축할 시 비거리가 잘 나올 수 있었다. 셋째는 주변에 아파트가 많이 있어서 골프연습장의 고객 유치에 유리했다. 넷째는 공장이 철수하는 곳이라 명도가 간단하다는 것이었다.

반면에 단점으로 첫째는 전철역은 가까웠으나 상권이 없었다. 둘째는 지상 전철이 지나가는 관계로 건축물 입주자의 가시권을 방해했다. 셋째는 아파트가 주변에 많아서 K전력공사의 변전시설 설치에 대한 반대가 거셀 것이라는 점이었다.

K사장은 K전력공사의 변전시설이 신축되는 것에 주변의 아파트 주민들이 전자파로 건강에 큰 피해가 온다는 생각에 강력한 반대 운동을 하는 것을 어떻게 대처하느냐 하는 숙제를 안고 있었다. 하지만 이만한 부지를 찾기는 어려울 것이라 판단해 매입하기로 결정하고, K전력공사 직원에게 부지 위치 및 변전시설 건축사업계획을 설명해 동의 받은 후 부지 매입 절차에 들어갔다.

매도회사인 S섬유업체는 처음에 3.3m²당 1,000만 원을 제시했으나,

K사장은 매입부지의 단점과 공장이 빨리 이전해야 한다는 점을 이용해서 3.3m²당 200만 원을 네고해 매입가를 제시했다. 결국 매도자가 동의해 3.3m²당 800만 원, 총 91억 8,392만 원에 3,795m²(1,147.99평, 준공업지역)를 2006년 1월 16일 매입했다.

K사장은 매입 시 자금이 부족한 관계로 80억 원의 은행 융자를 받았다. 매입 후에는 변전시설 설계 등을 K전력공사에 제시해 협의 결제 과정 등을 거쳐 2006년 12월 28일 K전력공사와 대지 2,494.07m²(754.46평), 연면적 4,910.19m²(1,485.33평, 지하 3층~지상 1층)를 변전소 시설로 공사해 준공한 후 220억 원에 분양하는 계약을 맺고 공사를 진행했다.

공사가 어느 정도 진행되자 사전에 예상한 대로 주변 주민들의 극렬한 반대가 있었고, 이에 K사장은 주민들을 설득하고, 때로는 투쟁하면서 공사를 신속히 진행했다. K전력공사 측의 공사 감리도 충실히 이행해 2010년 12월 29일 공사를 완료하고 준공을 받아서 K전력공사 시설에 대해 소유권을 이전해줬다.

K전력공사에 분양한 변전소를 제외하고, K사장이 건축 완료한 후 소유하고 운영하는 골프연습장은 대지 1,300.93m²(393.53평), 연면적 2,688.75m²(813.35평)의 지하 1층~지상 5층 건축물이었다.

황금알을 낳는 거위, 골프연습장

K사장이 소유한 골프연습장은 1층을 커피숍과 음식점, 골프숍 등으로 조성해 임대했으며, 2층부터 5층까지는 골프연습장으로 만들어 회

원제 위주로 직접 운영했는데 이용회원은 550~700명 정도를 유치했다. 또한 5층에는 스크린 골프와 인도어(Indoor) 골프를 접합시킨 특별한 연습장을 만들어 회원들의 기호를 만족시켰다. 즉 볼을 스크린에 대고 치는 것이 아니라 인도어 연습장의 그물막으로 치는 시스템이었다.

현재 골프연습장은 주변 아파트 지역의 주민들의 많은 이용으로 성황을 이루고 있으며, 월 매출 1억 2,000만 원에서 1억 5,000만 원까지 올리고 있다.

현 시세는 160억 원을 호가하고 있다.

K사장의 투자 수익

K사장의 K전력공사 변전시설 및 골프연습장 등의 신축 총 투자비는 240억 원(대지 구입비 91억 8,392만 원+건축비 140억 원+제세공과금 및 기타비용)이었으며, 순 현금 투자는 18억 원(총 투자비 240억 원-K전력공사 분양대금 220억 원-임대보증금 2억 원)이었다.

이 과정에서 대지 매입 시 80억 원의 은행 대출을 받았고, 공사 시작 시 다시 80억 원의 은행 대출을 받아서 총 160억 원의 은행 대출을 받아서 자금 부담이 없었다.

K사장은 18억 원의 현금 투자로 10년 만에 총 160억 원의 골프연습장을 소유하게 됐으며, 현시점 매각 시 임대료 수입 및 운영수익을 제외하고 142억 원의 매각차익(세금공제 전)을 얻는 대박을 터트릴 수 있다.

K사장은 본건 완료 후 서울 중심가에 K전력공사와 공동으로 소유하는 지하 변전시설 빌딩을 건축해 별도 소유하고 있다.

 **투자 성공 포인트**

1. 사업에 연관된 고급 정보를 신속하게 활용했다.
   - 전기 공사업을 운영하고, 관련 단체 임원으로 활동하면서 고급 정보를 얻었다.
   - 발 빠르게 신축 부지를 확보해 사업을 진행했다.

2. 건물을 신축한 후 활용하는 것에 대한 아이디어가 좋았다.
   - 입지가 상권이 없는 지역이라 지하를 K전력공사에 분양한 후, 지상 건물의 활용 용도를 쉽게 정하기 어려웠으나 골프연습장으로 계획한 것이 적중했다.

3. 매입가격 및 입지 선정에 성공 요인이 있었다.
   - 시세 대비 저렴하게 매입했다.
   - 상권이 형성된 지역은 아니었지만, 전철역 주변의 아파트 밀집지역을 선택했다.
   - 공장 이전 부지라 명도가 쉬웠다.

4. 공동 지분의 대지이지만 K전력공사가 지하층만 사용하는 관계로, K전력공사의 대지면적을 포함해서 전체 대지면적을 사용하는 지상 골프연습장을 건축 운영해 큰 수익을 발생시켰다.

CHAPTER 02

법인 주식인수 방식을 통한 빌딩 취득

"한 사람이 꿈꾸면 꿈으로 끝나지만,
모든 사람이 함께 꿈을 꾸면 현실이 된다"

_칭기즈 칸(Jinghis Khan)

법인 소유 빌딩 최저가격 취득 방법

구분	내용		
명	법인 소유 빌딩 최저가격 취득 방법		
대지위치	서울시 종로구		
대지면적	258.2m² (78.11평)		
지역/지구	일반상업지역		
건물구조	철근콘크리트구조		
건물규모	지하 1층~지상 11층		
건축면적	230.41m² (69.7평)	연면적	2,633.88m² (796.75평)
건폐율	93.23%	보증금	48억 3,181만 원
용적률	979.34%	월세	7,769만 원
냉난방	개별	관리비	1,670만 원
승강기	1대	주차	
공시지가	80억 420만 원	도로	8×4차선 코너
특징	환승 전철역 출구 앞		
준공일	1967.12.18. (1995년 리모델링)	매각가격	195억 원

상속 빌딩을 최고 절세 방법으로 매각하라!

건축자재 및 수산물 가공, 섬유류 제조 가공 판매 사업으로 재산을 축적한 B회장은 2010년 10월 15일 88세를 일기로 사망했다.

B회장의 상속 재산은 여기저기 산재한 부동산이 주를 이뤘고, 이 재산은 일찍 사별한 부인과의 사이에 낳은 3남매에게 상속됐다.

이 중 제일 환금성이 높은 것은 종로구에 위치한 대지 258.2m²(78.11평, 일반상업지역), 연면적 2,633.88m²(796.75평, 지하 1층~지상 11층)의 빌딩이었다.

이 빌딩은 B회장이 1967년 부지를 매입해 직접 건축한 것으로 환승 전철역 출구 쪽 대로변 코너에 위치하고 있어서 은행 등 입점업체가 양호했고, B회장이 설립한 H흥산㈜ 명의의 법인 소유로 돼있었다.

이 빌딩을 법인 지분으로 상속받은 3남매는 매각해 매각자금을 분배하기로 했는데, 빌딩의 취득가격이 너무 낮아서 매각 시 많은 양도차익이 발생할 것 같았다. 이에 대해 상당한 금액의 법인세가 나올 예정이었다.

3남매는 일단 매각가격을 산정해보기로 했는데, 그 결과 1967년 준공된 빌딩이라 건물분의 가격은 감가상각에 의해 소멸했고, 대지가격은 시세대로 대지 3.3m²당 2억 5,000만 원을 적용해 195억 원으로 계산됐다.

이 가격을 기준으로 매각했을 때 나오는 법인(양도)세를 세무사에게 문의한 결과 45억 원이었다.

장기 보유 상속 빌딩 신속하게 매각하는 방법을 찾아라!

B회장의 3남매는 법인(양도)세는 매각됐을 때 납부하기로 하고, 2010년 12월 초 이 빌딩을 매각가격 195억 원으로 부동산 매매 시장에 내놓았다. 그러나 시장에서는 너무 비싸다며 매입 의사를 피력하는 매입 의향자들이 없었다.

이에 마음이 급했던 3남매 중 장남은 매각을 빨리 하는 방법을 찾기 위해 평소 알고 지내던 강남 지역 빌딩 전문 부동산 중개법인 L사장에게 자문을 구했다. 그 결과, 매각 후 세금으로 납부하게 되는 법인세 부분을 매입자가 떠안는, 법인 인수 방법으로 매각하면 매각가격이 낮아지는 등 여러모로 좋을 듯하다는 제안을 받았다.

이런 방식으로 매각했을 때 매입자는 총 매각가 195억 원에서 양도세로 계산된 45억 원이 적은 150억 원의 자금으로 빌딩을 인수할 수 있었으며, 우발채무에 대한 부담스러운 면은 있으나 그 외에도 여러 가지 이점을 얻게 돼 매각이 순조로울 것으로 예상됐다.

매각 방식을 법인 매각으로 바꾸자 예상한 대로 매입 의향자가 여러 명 나타났으며, 그중 한 사람인 사업가 L회장은 젊었을 때부터 갖고 싶었던 빌딩이라 꼭 매입해야 한다고 일요일 저녁에 소유자 3남매와 빌딩 관리사무실에서 매매 협상을 했다.

그러나 이 빌딩이 매각되면 중요한 세무 기장 고객을 잃게 돼 불안해하던 빌딩 담당 세무사가 계약 현장에 나타나서, 마치 매도 법인에 노출되지 않은 우발채무가 매매 후 발생할 것 같다는 언사로 계약을 무산시키기도 했다.

그러던 중 2011년 5월 무역업에 종사하는 P사장이 여러 빌딩을 검토하던 중 대지는 작지만 임차인들이 안정돼있고, 전철역에 아주 가까운 이 빌딩을 법인의 주식을 인수하는 방식으로 매입했다.

매입 당시 임대보증금은 48억 원, 월세 7,769만 원, 관리비 1,670만 원이었으며 매입가격은 5억 원 네고해 법인 주식인수는 145억 원이었다.

법인 인수 방법으로 취득하는 빌딩의 이점

법인의 주식을 인수해 빌딩을 취득한 매입자가 매입 빌딩을 10년간 보유했을 때 매입자가 얻게 되는 이익을 검토해보면 다음과 같다.

첫째는 부동산 등기를 하지 않는 관계로 취득세 4.6%와 등기 이전비를 합한 9억 원의 이익이 발생된다(단, 과점주주가 아닌 경우. 과점주주인 경우에는 간주취득세를 납부해야 한다.).

둘째는 법인(양도)세 45억 원을 당장 납부하지 않아 이를 정기예금에 예치했을 때 이익이 되는 금액은 9억 원(45억 원×정기 예금금리 평균 2%×10년)이었다.

셋째는 45억 원 싸게 구입해 캡레이트가 높아져서 얻게 되는 임대료 수입이익은 21억 원(45억 원은 총 매각가의 23%×임대료 월수입 7,769만 원×12개월×10년)이었다.

즉 매입자가 법인의 주식인수로 빌딩을 취득해서 10년 보유했을 때 얻게 되는 총이익은 39억 원으로 계산된다. 그 외 작은 투자금으로 투자할 수 있는 기회이익은 또 다른 수익이다.

P사장의 투자금액

P사장의 빌딩 매입 총투자비는 146억 원(법인 주식인수 금액 145억 원+부동산 중개수수료 1억 원)이었으며, 현금 투자액은 38억 원(총투자비 146억 원-대출금 60억 원-임대보증금 48억 원)이었다.

일반적으로 빌딩 매입 시 매매가 대비 은행 대출금과 임대보증금을 제외한 현금 투자비는 50% 수준인 것을 감안한다면, P사장의 38억 원 투입 시 매입할 수 있는 일반적인 빌딩 가격은 100억 원 이내라고 판단할 수 있다.

그러나 장기 보유한 법인 소유 빌딩을 법인을 인수하는 형태로 매입했기 때문에 현금 38억 원으로 190억 원의 빌딩을 부담 없이 매입할 수 있었다.

2019년 6월 이 빌딩은 250억 원으로 매각할 수 있을 것으로 예상됐다.

250억 원으로 매각했을 때 P사장의 수익은 108억 원(매각차익 59억 원=250억 원-191억 원, 임대수익 49억 원, 대출이자 공제)으로 예상되며, 양도 차익에 대한 법인세를 나중에 납부함으로써 얻게 되는 금융이자 수입은 별도로 계산된다.

 **투자 성공 포인트**

1. **법인의 주식인수 방식으로 빌딩을 취득하는 방법을 선택했다.**
   - 취득세 및 등기비용을 절약했다.
   - 취득 시 매도자가 납부할 양도세 45억 원을 안고 매입해, 빌딩 재매각 시까지 45억 원의 예금이자 혜택을 받았다.
   - 현금 투자 38억 원으로 190억 원의 빌딩을 부담 없이 매입했다.
   - 일반적인 매입보다 캡레이트가 높아졌다.

2. **입지가 최상이었다.**
   - 상권이 좋아서 공실 없이 우량임차인이 장기 임차했다.
   - 환승 전철역 출구의 8차선 대로변과 4차선 대로변 코너 입지의 빌딩을 매입했다.
   - 지상 11층 빌딩이라 가시성이 뛰어났다.

3. **주변 지역이 대규모로 재개발되고 있어 미래가치 상승이 뛰어나 보였다.**

4. **임대 사업을 위주로 한 목적 법인이라서 우발채무에 대한 우려가 적었다.**

법인 주식인수 방식을 통한 빌딩 취득 시 '우발 채무' 처리 참고 사항

법인 주식인수 방식을 통한 빌딩 계약 시 제일 민감한 부분은 법인의 '우발 채무'에 대한 내용이다. 이를 원활하게 해결하기 위해 일반적으로 행하는 방법을 제시한다.

1. '법인 양도 양수 계약서'를 아주 세밀하게 작성한다.
2. 법인의 재무 관련 자료를 최초 설립 시부터 제출받아 검토한다.
3. 우발채무 발생 시 민형사상 책임을 묻는 각서를 모든 주주에게 받고, 연대보증인을 세운다.
4. 일정 기간 양도 법인에 대한 채권 신고를 하라는 신문 공고를 게재한다.
5. 매매금액 중 일정액을 6개월에서 1년간 우발 채무 해소용으로 금융기관에 예치해 놓는다.

간주 취득세

법인의 주식 또는 지분을 취득함으로써 과점주주가 됐을 때에는 그 과점주주가 해당 법인의 부동산 등을 취득한 것으로 본다. 이 경우 과점주주는 연대해 취득세 납부 의무가 있다(지방세법 제7조 5항, 지방세법 시행령 제11조). 이를 간주취득세라고 한다.

- 과점주주란?
법인의 대표 또는 최대주주 등과 **특수 관계에 있는 주주**가 소유한 주식을 합해서 50%를 초과해 가지고 있는 주주를 과점주주라고 한다.

"대통령령이 정하는 특수관계에 있는 자"
1. 혈족, 인척 등 친족관계
   가. 6촌 이내의 혈족
   나. 4촌 이내 인척

다. 배우자
　　라. 친생자로서 다른 사람에게 친양자로 입양된 사람 및 그 배우자. 직계비속
2. 임원, 사용인 등 경제적 연관관계
　　가. 임원 및 그 밖의 사용인
　　나. 본인의 금전이나 그 밖의 재산으로 생계를 유지하는 사람
　　다. 상기 가, 나의 사람과 생계를 함께하는 친족
3. 주주, 출자자 등 경영 지배관계

* 법인 양도·양수 계약서(양식)

법인양도·양수 계약서(사업권 포함)

양도인   주   소 : 서울시
            상   호 :　　　　주식회사
            대 표 이 사 :
            법인 등록번호 :

대표양도인("갑") 주   소 : 서울시
                    성   명 :
                    주민번호 :

양도인("갑") :

대표양수인("을") 주   소 :
                    성   명 :
                    주민번호 :

  위 당사간의 합의에 의하여 대표양도인을 "갑"이라 칭하고 대표양수인을 "을"이라 해 법인체에 따른 총 주식을 양도 양수함에 있어 법인의 소유권 및 경영권을 인수함에 동의하고 다음과 같이 계약을 체결한다.

제1조[양도 목적물]

"갑"이 "을"에게 양도하는 목적물은 다음과 같다.

1) "갑"이 소유하고 있는 주식 총수 및 법인체(잔금지급일 기준 보유 부동산인 ○○○에 소재한 토지 및 건물 일체)
2) "갑"이 소유하고 있는 임대사업권 및 자산일체 및 부채(잔금지급일 임대차목록 및 부채목록(별첨)
3) "갑"이 소유하고 있는 사업허가서 및 면허사항(허가사항)

제2조[양도 양수 대금]

양도 양수대금은 ○○○원정(₩ ○○○)으로 한다.

제3조[대금 지불방법]

1) "을"은 계약체결과 동시에   억 원정(₩ ○○○)을 계약금으로 하고   억 원(₩ ○○○)은 대표양도인에게 계약 당일에, 나머지   억 원(₩ ○○○)은 양수인 명의로 각자 "갑"의 지정인에게 2019년   월   일에 지불하기로 한다.
2) 잔금은 2019년   월   일 지급키로 하며 잔금 수령과 동시에 제4조의 서류를 "갑"은 "을"에게 양도하고 법인의 모든 권리를 포기한다.

제4조[구비서류의 인도]

"갑"은 본계약 체결에 따른 아래의 양도 양수 서류일체를 "을"에게 인도하여 법원등기부 변경상 지장이 없다고 판단될 경우 "을"은 잔금을 "갑"에게 지불하기로 한다.

- 법인체 인도 서류목록 -

1. 창립총회 의사록
2. 이사회의사록
3. 주식 인도증
4. 정관 / 주주명부
5. 등기변경 의사록(창립부터 현재까지)
6. 사업자등록증 원본(세무서 발행)
7. 설립년도부터 현재까지의 결산서 및 계약일 기준 현재 재무제표 및 계정별 세부명세서
8. 각종보험 및 부가세 납부명세
9. 기타 법인설립부터 현재까지 관계서류 일체
10. 주식양도 및 법인양도 관련 각서(인감증명서 첨부)[별첨양식]
11. 주식양도 계약서(주주전원) 및 양도용 인감증명서 각1통
12. 대표이사, 이사, 감사의 사임서 및 인감증명(사임용) 각1통
13. 대표이사 법인인감도장, 사용인감, 인감발급카드(비밀번호명기)
14. 법인등기부등본(최근월)
15. 법인인감증명서(최근월)
16. 국세, 지방세 완납증명서(최근월)
17. 기타 "을"이 양수 절차상 요구한 서류 일체

제5조[채권 채무의 정리]

1) "갑"은 인수일전(잔금기준일) 까지 임직원급료, 퇴직금, 노임, 기타 자재대 등에 대해 책임을 지고 정리해야 한다.
2) 기타 이외의 제세공과금(각종보험관련포함)에 대하여도(미고지분 포함) "갑"의 책임으로 한다.

제6조[양도자의 고지의무]

"갑"은 상법 및 법인세법등 기타 관련법규의 이행사항과 기타 회사의 중대한 사유가 있을 때에는 그 내용을 본 계약 직전까지 "을"에게 고지해야 한다. 단, 위 고지사항을 불이행 하였거나 고지하지 않은 부채 및 기타사항으로 인해 "을"에게 손해가 발생될 시에는 "갑"은 민·형사상 책임을 지기로 한다(각서 후 공증)

제7조[상호 계약위반으로 인한 손해배상]

본 계약을 "갑"이 불이행할 때에는 "을"로부터 수령한 계약금의 배액을 배상하고 "을"이 불이행할 때에는 본 계약을 무효로 하고 계약금은 "갑"에게 귀속된다.

제8조[계약서의 해석]

"갑"과 "을" 사이에 본 계약서 각조항의 해석 및 기타 이견이 발생 할 시는 쌍방이 협의하여 정하는 것을 원칙으로 하나 의견이 일치하지 않을 경우에는 일반 상 관례에 따른다.

제9조[관할법원]

본 계약으로 인한 분쟁이 발생할 경우 관할법원은 동법인의 소재지 관할 법원으로 한다.

제10조[특약사항]

1) "갑"은 별첨목록외의 부채는 전혀 없으며, 기타어음배서와 각종 보증은 전혀 없음을 확인하며, 또한 민·형사상 귀책사유가 있을 시는 각서인으로 책임을 가진다.
2) 본 계약 후 "갑"은 제4조의 구비서류를 신속히 구비해 "을"에게 통보하기로 한다.
3) 본 계약과 관련한 등기비용 등은 "을"이 부담하기로 한다.
4) 본 계약서는 "갑"의 사업권 양도 및 법인 양도, 양수의 포괄계약임을 "갑"과 "을"은 동의한다.
5) 잔금 지급 시 정산 건(미지급금 및 고지분)에 대해 정산하기로 한다.
6) "갑"과 "을"은 잔금 지급일 기준(발생시점)으로 법인 양도에 따른 제세공과금 미지급금(협의사항제외) 등 모든 비용에 대해 이전의 것은 "갑"의 책임으로, 차후 발생되는 비용은 "을"의 책임으로 한다.
7) 법인의 우발 채무에 대해 대표자 및 이사 전원의 각서 후 공증하기로 하고 이에 대한 문제가 발생 시 양도 법인의 주주가 연대 책임을 지고 보상한다.

8) "갑" 계약은 계약일로부터 10일 이내에 중앙일간지 "○○일보"에 채권신고 공고를 게재한다.

9) 계약 후 10일 이내에 "갑"은 "을"이 지정하는 세무회계사에게 주주명부, 재무재표, 대차대조표 및 회계자료 일체를 투명하고 정확하게 제공한다.

10) 대표양도인은 양도법인 주주 측의 주식매각에 대한 일체의 권리를 위임받아 행사한다.

위와 같이 계약을 체결하고 이를 증명하기 위하여 "갑"과 "을"은 서명 날인하고 각자 1통씩 보관하기로 한다.

- 첨 부 -

- 법인 등기부등본
- 법인 인감증명서
- 대표자 및 임원 개인 인감증명서
- 이사회 결의서, 주주총회 의사록사본

2019년 월 일

대표양도인("갑") 주 소:
　　　　　　　　 상 호:
　　　　　　　　 대표이사:　　　　　　　　　　　　(인)
　　　　　　　　 서 명:　　　　　　　　　　　　　(인)
　　　　　　　　 연 락 처:

대표양도인("을") 주 소:
　　　　　　　　 성 명:
　　　　　　　　 주민번호:　　　　　　　　　　　　(인)
　　　　　　　　 연 락 처:

컨설팅용역사　　 주 소:
　　　　　　　　 회 사 명:　　　　　　　　　　　　(인)
　　　　　　　　 사업자번호:

* **주식 양도 계약서**(양식)

주 식 양 도 계 약 서

1. 양도주식내용
    1) 회사명(법인명) :　　　　　　주식회사
    2) 주식의 종류 : 보통주식
    3) 소재지 :
    4) 1주당액면금액 :　　　　　원
    5) 1주당양도금액 :　　　　　원
    6) 양도주식수 :　　　　　　주
    7) 양도일자 : 2019년　 월　 일
    8) 양도금액 : 금　　　　　　원

2. 매도인의 인적사항
    주소 :
    주민등록번호 :
    성명 :　　　　　　(인)

3. 매수인의 인적사항
    주소 :
    주민등록번호 :
    성명 :　　　　　　(인)

　　매도인　　　은 위 양도주식을 내용과 같이 매수인　　　에게 2019년　월　일 주식을 양도함.

* 매매 사실 확인서(양식)

매 매 사 실 확 인 서

법인의 소재지 :

상 호 :   주식회사

1주당 액면금액 :   원
1주당 양도금액 :   원
인 수 주 식 수 :   주

아래의 매수인   는 위의 주식을 아래의 매도인   로부터 2019년   월   일자로 금   원에 취득했음을 확인합니다

*** 아   래 ***

1. 매 수 인
   성 명 :   주민등록번호 :   -
   주 소 :

2. 매 도 인
   성 명 :   주민등록번호 :   -
   주 소 :

확 인 인 : 매 수 인   (인)

* **확약서**(우발 채무 책임)(양식)

　　　　귀중

확 약 서

　서울시　　　　를 소유한 (주)　　　　을 양도함에 있어 (주)　　　　은 기존 공시한 금융부채 금○○○억 원 외에 일체의 부채(연대보증 포함)가 없음을 알려드리며, 만일 매각 잔금 수령 후 우발채무가 발견될 시 이에 대해 대표양도인 본인 및 양도인, 연대보증회사가 민·형사상 모든 책임을 질 것을 확약합니다.

　　　　　　　　　2019년　월　일

　대표양도인　　성명 :　　　　　(인)
　　　　　　　　주소 :
　　　　　　　　주민등록번호 :

　양도인　　　　성명 :　　　　　(인)
　　　　　　　　주소 :
　　　　　　　　주민등록번호 :

　연대보증회사　상호 :
　　　　　　　　주소 :
　　　　　　　　법인등록번호

CHAPTER **03**

사용 목적에 따른 빌딩 매입

"미래는 고양이의 발걸음처럼 예단하기 어렵다"

_어느 좋은 글에서

약국을 운영할 최고의 입지 빌딩을 찾아라

구 분	내 용		
명	약국을 운영할 최고의 입지 빌딩을 찾아라		
대지위치	서울시 강동구		
대지면적	747m² (225.97평)		
지역/지구	일반상업지역		
건물구조	철근콘크리트구조		
건물규모	지하 1층~지상 5층		
건축면적	308.87m² (93.43평)	연면적	1,555.44m² (470.52평)
건폐율	41.3%	보증금	10억 원
용적률	170.54%	월 세	4,760만 원
냉난방	개별	관리비	350만 원
승강기	1대	주 차	총 22대
공시지가	101억 4,426만 원	도 로	50M 대로변
특 징	전철역 1분 거리		
준공일	1980. 04. 03.	매각가격	300억 원

전철역 인근에 약국용 클리닉 빌딩을 찾아라

역사적인 IMF 위기를 슬기롭게 넘기던 2002년 초 강동구 전철역 부근에서 클리닉 빌딩 39.67m²(12평)의 1층 상가를 임차해서 약국을 경영하던 64세의 Y사장은 빌딩 가격이 많이 내려가 있다고 생각해서 이번 기회에 전철역 인근에 클리닉 빌딩을 구입해서 월세 생활을 청산하기를 원했다. 그러나 주변에서 빌딩 가격이 더 내려간다고 얘기하니 결정을 못하고 있었다.

그러나 IMF 사태 때 쏟아져 나온 빌딩 매물들의 가격은 더 내려가지 않고, 어느 순간 하나둘 주인을 찾아가고 있어 가격이 다시 오를까 마음이 다급해졌다. 그동안 가격이 낮은 급매물은 많았지만, 시간은 매입자 편이라 여기고 이런저런 조건을 제시하면서 선별을 하던 중 마음에 드는 여러 건의 빌딩이 다른 사람들에게 팔려가기도 했었다. 그때마다 Y사장은 아쉬움으로 '그 빌딩의 주인은 내가 아니었던 모양이야'라며 속앓이를 했다.

그러던 2002년 4월 중순 그동안 검토해서 마음에 드는 빌딩이었지만, 매매가로 나온 50억 원이라는 가격이 비싸다고 생각해 매입을 망설이고 있었던, 전철 5호선과 8호선 환승역 출구 쪽 대로변에 붙어있는 대지 747m²(225.97평, 일반상업지역), 연면적 1,555.44m²(470.52평, 지하 1층~지상 5층)의 빌딩을 급히 재검토했다.

이 빌딩은 그 당시 시세로 보면 조금 비쌌지만, 위치만은 최고 중에 하나라고 여기고 가격을 5억 원 네고해 45억 원에 2002년 5월 2일 매입했다(은행 대출 15억 원).

직접 사용과 임대수익, 양 목적에 부합하는 이유

Y사장이 이 빌딩을 선택하게 된 이유는 다음과 같다.

첫째는 10차선 50m 광 대로변 일반상업지역에 전면이 대로변 쪽으로 넓게 접해있어서 1층에 여러 업체가 입점할 수 있었다.

둘째는 전철 5호선과 8호선 환승역 출구에서 도보 1분 거리에 있었다.

셋째는 버스 환승 정류장이 바로 앞에 위치했다.

넷째는 유동인구가 많은 위치이며, 2층과 3층에 비뇨기과, 치과 등 클리닉이 입점해있어서, 약국 처방전이 많이 나올 수 있도록 다양한 진료 과목의 클리닉을 더 유치하기가 쉬워 보였다. 즉 약국 경영 이익과 임대수익을 동시에 잡을 수 있는 최적의 빌딩으로 보였다.

단점으로는 빌딩이 준공된 지 22년이 경과해 수선이 필요했다.

빌딩 가치 상승을 위한 리노베이션

Y사장은 빌딩 매입 후 일부 수선과 임차업체 교체 작업을 진행했는데, 두 가지 관점에서 빌딩 개조를 진행했다.

첫째는 1층 일부에 본인 약국을 이전시키고 나머지에는 빌딩의 얼굴이 될 수 있는 프랜차이즈 업체를 유치하는 것이었고, 둘째는 위층에 약국의 처방전이 많이 나오는 내과, 피부과, 이비인후과, 산부인과 등을 입점시키는 것이었다.

Y사장은 1년 만에 1층에 본인 약국 외에 핸드폰 숍을 포함해 3개의 우량업체를 유치했고, 2층과 3층에 각각 산부인과와 이비인후과를 입

점시켰다.

우량임차업체들이 공실 없이 전부 입점함으로써 빌딩의 가치는 급격히 올라갔고, 주변의 개업 공인중개사들은 100억 원을 받아주겠으니 매각해서 차익을 얻으라고 했다.

그러나 나이가 60대 중반인 Y사장은 빌딩 매입의 주된 목적이 본인 소유 빌딩에서 자신의 약국 경영을 계속하는 것이라, 이런 제안에 대해서 별로 반응하지 않았다.

은퇴를 염두에 둔 매각 검토

Y사장의 빌딩 총 투자비는 47억 5,000만 원(매입금액 45억 원+취득세 4.6%+기타비용)이었으나, 은행 대출금 15억 원과 임대보증금 5억 원을 제외한 실투자금은 27억 5,000만 원이었다.

2018년 6월 본 빌딩 주변 역세권 지역에서 근린상가 및 오피스텔을 개발해 분양할 S시행업체로부터 250억 원에 매각하라고 강력하게 요청받았으나, 이를 거부하고 300억 원이면 매각하겠다고 협의 중이다.

Y사장이 2019년 6월 300억 원에 매각한다면 17년 만에 임대료 수입을 제외하고 252억 5,000만 원의 매각차익(세금공제 전)을 얻는 대박을 터트릴 수 있다.

Y사장이 그동안의 임대료 수입과 직영 약국에서 내야 할 임대료까지 계산해 매각 후 정산해보면 어마어마한 이익이 나올 것으로 예상된다.

 **투자 성공 포인트**

1. 최상의 입지 빌딩을 선택했다.
   - 10차선 대로변의 전면이 넓은 빌딩을 구입했다.
   - 5호선과 8호선 환승역 출구에 위치했다.
   - 버스 환승 정류장 앞에 위치해 유동인구가 많았다.
   - 일부 클리닉이 입점하고 있어서 약국 처방전이 많이 나오는 다른 클리닉을 유치하는 데 어려움이 없었다.

2. 장기 보유함으로써 가격 상승의 이점을 누렸다.
   - 약국을 직영하면서 장기적으로 보유했고, 클리닉들을 유치해 임대했다.

3. 매입 전부터 1층과 나머지 층의 입점 계획을 세워 실행했다.

4. 일반상업지역이라 용적률이 높아서 부동산 개발업체들이 선호해 높은 매각가격이 가능했다.

파산재단 빌딩을 요양병원으로

구 분	내 용		
명	파산재단 빌딩을 요양병원으로		
대지위치	인천시		
대지면적	1,428.3m² (432.06평)		
지역/지구	일반상업지역		
건물구조	철근콘크리트구조		
건물규모	지하 2층~지상 7층		
건물면적	760.45m² (230.04평)	연면적	6,070.05m² (1,836.19평)
건폐율	53.24%	보증금	27억 5,979만 원
용적률	265.99%	월 세	
냉난방	시스템	관리비	
승강기	1대	주 차	총 49대 (옥내 자주 41대, 옥외 8대)
공시지가	40억 5,637만 2,000원	도 로	35×4m 대로변 코너
특 징	대단위 아파트 앞 대로변 코너 / 감정가 120억 원		
준공일	2006. 04. 20.	매각가격	69억 4,925만 원

병원 확장을 위한 선택 방안

2013년부터 인천지역 벤처 빌딩 2개 층을 임차해 요양병원을 운영해오던 K원장은 환자들이 장시간 기다릴 정도로 병원 운영이 너무 잘되자, 3년째가 되는 2016년 1월 초경에 부원장이면서 의사인 부인과 병원 확장을 협의했다.

협의 결과는 첫째는 자금 부담이 없게 지금 사용하는 빌딩의 1개 층을 더 얻어 병원으로 개조해 확장하는 방법과, 둘째는 주변의 빌딩을 매입한 후 전체를 병원으로 개조해 자가 병원을 만드는 방법이 있었다. 부부는 리스크는 있으나 후자를 선택했다.

K원장은 부인인 G부원장에게 운영 중인 병원의 환자들을 계속 유치하기 위해 주변 지역에 매매로 나와 있는 빌딩 중 병원 용도에 맞는 빌딩들을 찾아보라고 했다. 이에 G부원장은 빌딩 매입을 위해 매물 정보 수집에 나섰고, 주변의 개업 공인중개사들로부터 제공받은 30여 개의 빌딩을 검토했으나 K원장이 원하는 조건과 맞는 빌딩은 없었다.

K원장이 찾는 빌딩은 첫째는 병원으로 사용하던 빌딩이어서 환자용 엘리베이터가 있거나, 아니면 환자용 엘리베이터 설치가 가능한 빌딩, 둘째는 인천 지역을 벗어나지 않는 아파트밀집 지역에 위치한 빌딩, 셋째는 연면적이 3,305.78m²(1,000평) 이상인 빌딩, 넷째는 매입가격이 70억 원 이하이면서 은행 대출을 60억 원 이상 받을 수 있는 빌딩 등이었다.

K원장은 자금도 부족한데다가 조건이 너무 까다로워서 두세 가지 조건이 맞아도 한두 가지가 맞지 않아 어려움을 겪었다. 그러던 중 2016

년 4월 초순경 경제신문 광고를 보고 연락한 강남 지역의 빌딩 매매 전문 부동산 중개법인의 P팀장으로부터 현재 운영하고 있는 병원에서 가까운 지역에 위치한 빌딩을 소개받았다.

이 빌딩은 대지가 1,428.3m²(432.06평), 연면적이 6,070.05m²(1,836.19평, 지하 2층~지상 7층)였으며, 원래 A저축은행 사옥으로 사용되다가 A저축은행이 파산해서 예금보험공사에서 관리하는 파산재단 소유의 빌딩이었다. 이 빌딩의 가격 등 여러 조건이 K원장이 찾는 것과 비슷해서 K원장은 매입 검토를 했다.

까다롭고 자금이 부족한 의사를 만족시켰다

K원장이 검토한 결과 이 빌딩의 감정가격은 120억 원이었으나 최초 공매가는 150억 원이었으며, 공매 유찰이 여러 번 돼서 수의계약 가능한 가격이 69억 4,925만 원으로 떨어졌다. 게다가 위치가 현재 운영하고 있는 병원에서 반경 500m 이내이면서 아파트밀집 지역이고, 리모델링 시 환자용 엘리베이터 설치가 용이했다.

더욱이 일반상업지역 대로변 코너 입지이면서 주변의 대형 개발부지가 있어 미래가치도 상당할 것으로 생각돼 K원장은 망설이지 않고 매입하려 했다. 그런데 부인인 G부원장은 공매가 한 번 더 진행되면 가격이 지금보다 5% 이상 더 낮아질 테니 기다렸다가 매입하자고 했다.

그러나 이런 얘기를 들은 부동산 중개법인의 P팀장은 싸게 매입하려 공매를 기다리는 사람들이 약 5~6명이나 있고, 공매가 진행되면 응찰자들의 경쟁에 의해 낙찰가격이 현재의 수의계약가격보다 더 높아질 수 있어 자칫 K원장이 낙찰을 못 받을 수 있다고 했다.

이에 K원장은 이 빌딩을 놓치면 이런 빌딩을 다시는 구할 수 없다는 판단하에 부인인 G부원장을 설득시켜서 공매 3일 전인 2016년 4월 25일 69억 4,925만 원에 매입 계약했고, 2016년 7월 25일 잔금을 지급하고 취득했다.

매입 시 S은행 대출을 60억 받았으며, 현금은 9억 4,925만 원 투자했다.

최고의 요양병원 만들기

K원장이 매입한 빌딩은 인천 지역의 유명한 대형 종합병원 인근에 위치했고, 바로 건너편에는 대규모 아파트 단지가 있었으며, 바로 옆은 대형 근생시설 및 오피스가 개발될 예정 지역으로 지정돼있는 35m 대로변 코너 변에 있었다.

A저축은행은 이 빌딩을 사옥으로 오랫동안 사용하려고 2006년 4월 직접 설계하고 건축해서 빌딩의 외관이나 내부 인테리어가 잘돼있었다.

K원장은 내외부가 잘 건축된 빌딩이어서 가급적 병원 리모델링 비용을 절약하면서, 주변 요양병원들을 벤치마킹해 좋은 점들을 채택하고, 공사비 11억 원을 투입해 최고 시설의 병원으로 개조했다.

병원으로 리모델링 완료 후 이 빌딩의 외부 부동산 감정기관의 평가가격은 150억 원이었다.

K원장의 예상 투자 수익

K원장의 총 투자비는 84억 원(매입비 69억 4,925만 원+제세공과금 및 기타비용+병원 인테리어 비용 11억 원)이었으며, 은행 대출 60억 원을 제외한 순 현금 투자는 24억 원이었다.

K원장이 150억 원에 매각할 시 아주 짧은 시간에 투자 수익 66억 원(150억 원-84억 원=매매차익 66억 원, 세금공제 전)을 얻을 수 있는 조건을 갖췄다.

 **투자 성공 포인트**

1. **매입가격이 아주 저렴했다.**
   - 감정가격 120억 원 빌딩을 69억 4,925만 원에 매입했다.
   - 파산재단의 최초 공매가격이 150억 원이었고, 여러 번 공매 유찰된 빌딩을 선택했다.

2. **입지가 요양병원으로 최상이었다.**
   - 아파트밀집 지역과 대형 종합병원 주변이어서 환자 유치가 용이했다.
   - 35×4m 대로변 코너에 위치해 빌딩의 가시성이 뛰어나서 요양병원 영업에 도움이 많이 됐다.

3. **미래가치가 뛰어났다.**
   - 향후 대형 상업 및 오피스 개발 지역이 바로 옆에 있어 상당한 가치 상승이 예견됐다.
   - 일반상업지역에 위치한 관계로 향후 신축 시 용적률 및 건축 용도 등에 많은 장점이 있었다.

4. **현금 투자 금액이 적었다.**
   - 감정가격이 매입가격 대비 상당히 높아서 은행 대출 금액이 많이 나와 적은 현금 투자로 인수 가능했다.

CHAPTER **04**

법원 회생절차를 통한 빌딩 매각

"아침이 오지 않는 밤이 없고, 멈추지 않는 비는 없다"

_어느 좋은 글에서

파산 직전 소유 빌딩 매각 방법
(계약금은 1억 원?)

구 분	내 용		
명	파산 직전 소유 빌딩 매각 방법		
대지위치	경기도		
대지면적	1,140.3m² (344.94평)		
지역/지구	제3종 일반주거지역		
건물구조	철근콘크리트구조		
건물규모	지하 1층~지상 5층		
가설계 연면적	569.58m² (172.3평)	연면적	3,731.58m² (1,128.8평)
건폐율	49.95%	보증금	23억 4,200만 원
용적률	249.22%	월 세	4,200만 원
냉난방	개별	관리비	420만 원
승강기	1대	주 차	총 26대
공시지가	55억 8,747만 원	도 로	25×20m 코너
특 징	대단위 아파트 단지 앞		
준공일	2004. 12. 16.	매각가격	87억 원

코너에 몰려 빌딩 매각에 올인하다

K회장은 디벨로퍼로서 용인에서 아파트 개발 사업으로 상당한 부를 축척했고, 범위를 넓혀 2009년부터 의정부 지역에서 지주 공동으로 아파트를 개발하는 사업에 매진했다.

그러나 사업 추진에 자금만 들어갔지 마무리가 되지 않아 차용한 자금을 변제하지 못하자, 자금을 빌려준 채권자들은 자금을 회수하기 위해 K회장 소유의 빌딩에 가압류와 경매를 진행시켰다.

이 빌딩은 K회장이 시행했던 용인시 아파트밀집 지역의 코너 좋은 위치에 있었고, 앵커테넌트들이 입점하고 있어 K회장이 보물처럼 아끼던 것이었다.

59세의 K회장은 3년 전 암 수술로 건강도 좋지 않은 상황에서, 의정부 개발 사업이 지지부진해 자금 압박까지 받으니 하루하루가 고통이었다. K회장은 이 위기를 탈출하고자 아끼는 이 빌딩을 2013년 2월 100억 원에 부동산 매매 시장에 내놓았다.

그러나 용인에 위치한 100억 원 빌딩은 쉽게 매각되지 않았으며, 더구나 감정가격이 83억 5,000만 원밖에 되지 않아 가격이 비싸다고 판단한 매입 의향자들은 쳐다보지도 않았다. K회장은 매각이 되지 않는 이유를 주변의 개업 공인중개사들에게서 듣고 가격을 90억 원으로 낮췄지만 빌딩 주변 개업 공인중개사들은 빌딩 매매 전문이 아니기에 마케팅에는 한계가 있었다.

그러던 중 2013년 5월 K회장은 본인 회사 부회장이 강남 지역의 빌딩 전문 부동산 중개법인의 유능한 J팀장을 안다고 하기에 '어려운 건이니 매각하면 중개수수료를 많이 주겠다'고 하고 매각 요청을 하라고 지시했고, 부회장은 J팀장에게 의뢰했다.

J팀장은 매도자가 급한 상황인 것을 인지하고 같은 업종에 종사하는 공인중개사들과 합동해 매입 의향자들에게 브리핑을 잘해, 3개월 만인 2013년 8월 매입 의사를 확인하는 매입 의향서를 받았다. 매입 의향 가격은 84억 원이었다.

K회장은 가격이 낮아 실망스러웠지만 더는 높은 가격의 매입 의향자가 없는 것을 확인하고 84억 원에 매각할 것을 결정했다. 그러나 임의경매가 들어가 있고, 근저당권 최고액과 가압류 금액이 총 81억 9,200만 원이나 돼 그대로 매각을 진행할 수 없었다. K회장은 거래하는 법무법인과 해결 방법을 상의한 결과, 개인회생절차를 신청해 채권자들과 매각 합의하라는 조언을 받았다.

개인회생절차 성공의 조건

K회장은 채권자들의 채권 회수 법적 절차로 인해 정상적인 사업 활동과 채권 변제를 위한 빌딩 매각을 진행할 수 없어서 법원에 개인회생을 신청했다. 그 절차에 따라 2013년 8월 12일 법원의 재산보전처분이 내려졌고, 2013년 8월 26일 채권자들의 동의 없이 법원이 신청인의 신청이 적합하다고 판단해 내리는 회생절차개시결정이 이어졌다.

이후 채권자들과 채권 변제를 논의하는 채권자집회를 거쳐 2014년 4월 11일 회생계획인가결정을 법원으로부터 받았다.

회생계획인가결정에 따라 채권자의 압류나 경매 등 모든 법적 조치가 해지되면서 비로소 빌딩을 매각할 수 있었다.

이 과정에서 제일 중요한 것은 채권자 집회인데 채권자들을 설득할 수 있는 변제 능력과 이에 따른 담보 능력 등에 있어서 K회장의 의정부 개발 사업은 중요한 역할을 했다.

또한 법원의 결정을 끌어내는 데는 세금을 어떻게 납부할 것인가도 아주 중요했다.

K회장의 빌딩 매각 양도소득세는 무려 30억 원이나 돼서 이를 처리하는 데 많은 고민이 있었다. 일반 매각 시에는 양도소득세를 매각 후 일정 정해진 시점까지 내는 데 비해, 개인회생절차로 매각하는 부동산 양도세는 미리 내야 하는 차이점이 있기 때문이다. 이는 회생 계획 인가 결정을 받은 신청자가 양도세 등의 세금을 나중에는 내지 않을 수도 있어서 미리 확보하는 차원의 법원 판단인 것으로 생각된다.

계약금 1억 원은 묘수였다

K회장의 빌딩은 대지 1,140.3m²(344.94평, 제3종 일반주거지역), 연면적 3,731.58m²(1,128.8평, 지하 1층~지상 5층)로 임대보증금 23억 4,200만 원, 월세 4,200만 원, 관리비 420만 원이었다.

이 빌딩의 장점을 보면 첫째는 앵커테넌트들이 입점했다. 둘째는 25×20m 대로변 코너에 있었다. 셋째는 전면, 측면에 대규모 아파트가 밀집해있었다. 넷째는 매각가격 대비 대지면적과 연면적이 커서 연륜이 있는 투자자들이 선호했다. 다섯째는 84억 원으로 매각가격을 계산했을 때 캡레이트가 8.18%나 됐다.

반면에 단점으로 첫째는 채권자들의 많은 법적 조치로 매입 의향자들이 행여나 매도자와 같이 소송당하게 될까 불안해했다. 둘째는 매각 가격대가 용인시에 있는 빌딩치고는 커서 환금성이 좋지 않았다. 셋째는 빌딩이 건축연도에 비해서 낡았다는 것이었다.

K회장의 의뢰에 의해서 J팀장은 매입할 의향자들을 찾았지만, 초반에는 법원의 매각허가결정문을 못 받아 계약이 여러 번 체결되지 못했다. 그러다 2014년 5월 초경 M경제신문의 매각 광고를 본 사업가 L회장이 84억 원에 매입하기로 결정했다. 하지만 이번에도 법원의 매각 허가 결정문을 K회장이 수령하기 전이라 매입을 결정한 L회장은 10%의 계약금을 지급하고 계약하는 것을 불안해했다.

이 건의 중개를 진행한 강남 지역 빌딩 전문 개업 부동산 중개법인의 P사장은 과거 이런 불안정한 계약 상황을 많이 완성한 경험을 살려서 매수자 L회장에게 하나를 제안했다.

그 제안이란, 계약금을 지급하지 않고 계약한 후 법원의 매각 허가 결정문 수령 시 일시불로 지급하는 방법이 있는데, 그러면 매도자가 위약해도 위약금이 없어서 매도자가 매도가격을 더 달라고 할 수 있어 좋은 방법이 아니니, 매입자의 부담을 덜면서 구속력을 갖는 것으로 계약금을 1억 원으로 하자는 것이었다.

이에 양측이 동의해 2014년 5월 27일 84억 원에 매매를 계약했고, 법원의 매각 허가 결정문이 나온 2014년 7월 4일 L회장은 아들과 공동명의로 잔금을 지급하고 소유권을 취득했다.

 **투자 성공 포인트**

1. 매입 예정자들이 선호하는 입지였다.
   - 25×20m 대로변 코너에 위치해 가시성이 뛰어났다.
   - 전면과 측면에 대규모 아파트가 밀집해있어서 유동인구가 많았다.

2. 가격 대비 빌딩 규모가 컸다.
   - 매각가격 대비 대지면적과 연면적이 커서 연륜이 있는 투자자들이 선호했다.

3. 우량업체가 입점했다.
   - 은행 및 유명 프랜차이즈 등 앵커테넌트들이 입점해 매입 예정자들의 선호도가 높았다.

4. K회장의 자산이 채무를 변제하고도 남았다.
   - 부동산 관련해 회생절차를 신청한 건은 매각 시 양도세를 우선 납부해야 하기에 채권자들과 채권 변제 합의가 어려운데, 본 건은 K회장의 재산이 이를 보완할 수 있어서 가능했다.

5. 계약금을 1억 원으로 정하는 묘수를 사용했다.
   - 일반적인 매입자들은 권리 제한사항이 많은 빌딩은 사고 위험성이 높다 해 매입하려 하지 않으나, 이 건은 유능한 개업 공인중개사를 만나 계약금을 1억 원으로 하는 등 매입자 설득을 잘해서 성공했다.

법원을 통한 개인회생절차

1. 개인회생제도란?

재정적 어려움으로 인해 파탄에 직면한 개인 채무자로서, 장래 계속적으로 또는 반복해 수입을 얻을 가능성이 있는 자에 대해 채권자 등 이해관계인의 법률관계를 조정함으로써 채무자의 효율적 회생과 채권자의 이익을 꾀할 목적으로 2004년 9월 23일부터 시행된 제도다.

2. 개인회생절차

- 개인회생신청서 제출(변제계획안) : 채무자의 주소지를 관할하는 지방법원 본원에 제출해야 한다.
- 회생위원 선임 : 회생위원의 임무는 채무자의 재산 및 소득을 조사하고, 변제계획서 작성을 지도하며, 채권자 집회를 진행해 그 결과를 법원에 보고하고, 변제계획 인가 후에는 채무자가 납입한 변제액을 개인회생 채권자들에게 분배한다.
- 보전 처분, 중지 금지 명령 : 법원은 개인회생 신청자가 보전 처분의 중지 금지 명령의 신청을 한 경우에는 특별한 사정이 없는 한 그에 대한 결정을 해야 한다.
- 개인회생절차개시결정 : 개인회생신청 이후 보정권고나 면담 등의 절차를 거쳐 법원은 특별한 사정 없이 신청인의 신청이 적합하다고 판단되면 신청일로부터 1개월 이내에 개시 결정을 하게 된다. 개인회생채권자의 동의가 필요 없으며, 절차를 기각해달라는 개인회생채권자의 이의 신청은 받아들여지지 않는다.
- 채권자 집회 : 법원은 특별한 사정이 없는 한 개시 결정일로부터 3개월 이내에 채권자 집회를 개최하며, 채무자는 채권자 집회에 반드시 참석해 변제금액 및 변제기일 등의 변제 계획에 대해 개인회생 채권자들에게 설명해야 한다. 채권자 집회는 개인회생채권자들의 결의를 거치기 위한 절차가 아니라 단지 채무자가 제출한 변제계획안에 대해 인가 요건을 충족했다는 점에 대한 이의 유무를 확인하는 절차에 불과하다.
- 인가 결정 : 법원은 채권자 집회 14일 이후 지정된 기일(보통 2주~1개월)에 변제계획안 인가 결정을 하게 된다. 변제계획안 인가 결정이 있으면 채무자에 대한 각종 압류나 부동산 경매 등의 법적 조치 등에 대해 해지나 취소 신청

이 가능하다. 채무자는 최대 5년 동안 변제계획안대로 변제액을 꾸준하게 납부해야 하며, 3개월 연체 시 폐지가 된다.

※ 채무자는 소유 부동산을 매각해 진행하는 변제계획안일 경우, 매각 후에 납부해야 하는 부동산 양도소득세 등 제세공과금의 납부 계획을 부동산 매각 후 일정 시점에 납부하는 것이 아니라 매각과 동시에 납부한다는 계획을 세워 법원의 인가를 받아야 한다.

"성공은 절대로 영원하지 않고, 실패는 절대로 끝이 아니다"

_어느 좋은 글에서

빌딩 투자 실패 사례

정형외과 의사의 무지(無知)의 참상

구 분	내 용		
명	정형외과 의사의 무지(無知)의 참상		
대지위치	서울시		
대지면적	607.70m² (183.82평)		
지역/지구	준주거지역		
건물구조	철근콘크리트구조		
건물규모	지하 2층~지상 8층		
건축면적	325.984m² (98.60평)	연면적	2,990.90m² (904.74평) (주차타워 등 200평 별도)
건폐율	53.64%	보증금	10억 4,000만 원(예)
용적률	358.78%	월 세	5,800만 원(예)
냉난방	시스템	관리비	861만 9,600원(평당 8,000원)
승강기	2대	주 차	총 33대
공시지가	54억 2,676만 1,000원	도 로	4차선×8×6m
특 징	전철역 도보 2분		
준공일	2009. 09.	매각가격	120억 원

병원 원장의 무리한 부동산 개발 참여

송파구에서 빌딩 2층을 임차해 4년째 정형외과를 개업 운영하고 있었던 45세의 J원장은 성실하고 정확한 진료를 하는 의사로 소문이 나서 나날이 환자들이 늘었고, 이에 병원 확장을 검토해야 했다.

병원을 확장하는 데 있어서 현재 임차한 빌딩은 작아서, 주변의 큰 빌딩의 1개 층이나 2개 층을 임차해 옮기는 방법과, 병원 운영이 잘되니 은행 대출을 많이 받아서 자가 병원을 신축하는 방법 중에서 고민을 했다.

J원장은 두 가지 안을 검토한 후 자가 병원을 신축하는 쪽으로 방향을 정했지만, 가지고 있는 재산이 부족해 고민하던 중 강남에 거주하며 부동산 투자에 성공해 재산을 증식한 누나에게 공동 투자로 빌딩을 건축하자고 제안했다.

이에 누나 J여사는 적극적으로 동의하고, 빌딩 신축 후 1층과 지하 1층은 외부에 임대하고 나머지 전체를 정형외과 및 내과병원으로 사용하되, 병원 임차인은 빌딩 공동소유자에게 고가의 임대료를 내고 사용하도록 제안했다. 그 이유는 빌딩의 캡레이트를 높여 신축한 빌딩을 고가로 매각해서 많은 차익을 남기려는 계획이었다.

부동산 개발에 대해 잘 모르는 J원장은 누나 J여사를 믿고 그렇게 하기로 했다. J원장은 병원을 신축할 입지 좋은 부지를 찾기 위해 부근 개업 공인중개사로부터 소개받은 여러 곳을 검토하던 중 5호선 전철역 주변 4차선 대로변 3면 코너에 대지 607.7m²(183.82평, 준주거지역)의 빌딩 신축 부지가 3.3m²당 2,500만 원, 총 46억 원에 매매로 나와 있는 것이 타당해 보여 매입에 대해 진지하게 검토했다.

J원장은 누나와 공동 투자로 빌딩을 신축할 예정이지만 대지 구입비와 건축비를 계산해보니 같이 투자해도 자금이 많이 부족할 것 같아, 신축 빌딩 부지 매입 자금으로 은행에 대출을 신청했다. 은행에서는 병원 원장에다 신용도도 좋아 35억 원까지 대출을 해준다고 했다.

J원장은 은행 대출금과 본인과 누나가 가진 자금을 합하면 빌딩 신축 자금으로 별 어려움이 없을 것 같아 소개받은 부지를 매입하기 위해 장단점을 분석했다.

신축 부지의 장단점 분석

장점으로 첫째는 전철역에서 도보로 3분 이내 거리에 있었다. 둘째는 대로변 4차선×8×4m의 3면 코너 입지였다. 셋째는 용적률의 혜택을 보는 준주거지역이었다. 넷째는 주변이 뉴타운 지역으로 지정돼있어서 아파트가 건립되면 유동인구가 상당히 많을 것 같았다. 다섯째는 주변에 신축 빌딩이 없어서 신축했을 때 임차 수요가 많을 것으로 예상됐다.

반면에 단점은 대로변에 접한 부분이 적은 대지 모양이어서 1층 상가 구성이 어려워 보였다.

J원장은 장점이 많은 부지라 누나와 상의 끝에 매입하기로 결정했다. 가격 네고를 위해 단점을 주로 부각시켜 처음 매도가격에서 6억 원을 낮춘, 40억 원에 2008년 6월 24일 매입을 완료했다.

취득 시 본인 순수 자금은 7억 3,000만 원(매입가격 40억 원+취득세 4.6%+기타비용−은행 대출 35억 원)이 투입됐다.

아슬아슬한 빌딩 신축 과정과 임대

　J원장은 2008년 8월 12일 빌딩 인허가를 받고 착공을 해서 약 1년 1개월 만인 2009년 9월 21일 준공했다. 준공된 빌딩은 연면적 2,990.9m²(904.74평, 지하 2층~지상 8층)였다.

　J원장은 신축 과정에서 빌딩 건축비가 부족해 은행으로부터 신축되는 빌딩을 담보로 추가 27억 원의 대출을 더 받았으며, 제2금융권으로부터도 10억 원을 빌렸다.

　빌딩 신축은 순조롭게 진행됐으나, 준공되자마자 임대가 바로 될 줄 알았던 J원장은 실망했다. 많은 은행 대출로 인해 빌딩에 설정된 과도한 근저당권에 불안을 느낀 임차인들이 임차 계약을 하지 않아 은행 대출이자를 연체하는 등 많은 어려움을 겪었다.

　2년에 걸쳐 어렵게 1층에는 약국이, 지하 1층은 스크린 골프가 임차했다. 4층은 치과, 5층은 산부인과와 피부과에 임대했고, 나머지 층은 정형외과와 내과를 J원장이 직영했다. 내과는 월급 의사를 고용해 J원장이 관리했다.

　J원장 사용 부분까지 포함해서 임대가 완료된 2011년 10월경에 보증금 10억 4,000만 원, 월세 5,800만 원, 관리비 860만 원이었다.

과욕이 부른 참사

　2012년 1월 J원장과 J여사는 빌딩 신축 과정에서 일어난 과도한 차입금액 변제와 매각차익을 실현하기 위해 매각을 검토했다. 과정은 어려웠지만 우량임차업체인 클리닉이 임차한 안정적인 임대를 생각했을 때 고가로 매각할 수 있다고 예상하고 매각가격을 산정했다.

매각가격 산정은 첫째는 캡레이트를 기준으로 서울 시내 평균인 5%대에 맞는 매각가격을 정했으며, 둘째는 J원장이 2009년 H은행에서 대출받기 위해 담보 감정한 가격인 132억 원(보통 금융기관 담보 감정가격은 시세의 70~80% 수준임)을 참고해 140억 원으로 정하고 부동산 매매 시장에 매물로 내놨다.

그러나 시장은 냉정하게 이 빌딩을 분석했고, 그 결과 매매 가능 가격을 100억 원에서 110억 원으로 평가했다. 또한 매각 후 재임차(Sale & Lease Back) 형태의 매각이라 J원장이 임차해서 운영하는 병원의 경영이 어려워 앞으로 임대료를 제대로 낼지 모르겠다고 우려도 했다.

그러는 사이 J원장의 병원에 오는 환자 수가 예전과 달리 줄어들면서 병원 운영은 갈수록 어려워졌고, 은행 및 고율의 제2금융권 대출이자 부담은 나날이 늘어갔다.

그래도 J원장과 J여사는 120억 원 밑으로는 매각하지 않는다며 버텼고, 급기야 은행은 이자 납부의 연체가 지속되자 부실채권으로 분류한 1순위 근저당권 108억 원을 W유동화회사에 매각했다.

W유동화회사는 J원장과 J여사에게 채권 변제를 촉구했지만, 이를 이행치 못하자 2013년 1월 9일 임의경매를 진행해 채권 상계로 이 빌딩을 취득했다. 취득 후 명도 절차를 거쳐 11개월 만인 2013년 12월 판교에 거주하는 56세의 K씨에게 106억 원에 매각했다.

결국 J원장과 J여사는 한 푼의 돈도 건지지 못했고, J원장은 본인이 거주하던 아파트마저도 경매로 처분돼 월급쟁이 의사로 지인 병원에서 진료 중이다.

 **투자 실패 원인**

1. **무지한 분야를 선택했다.**
   - 부동산 개발이라는 생소한 분야에 전문성이 없는 의사가 몰입했다.
   - 부동산 투자 전문가인 J원장의 누이도 매각가격 산정 및 매각시점을 실기했다.

2. **과도한 차입이 발목을 잡았다.**
   - 투자 기초금액은 있었으나 공사 과정에서 명도비용 등 예상치 않는 자금 소요에 대비하지 못했다.
   - 병원의 예상 이익 창출을 과다 계산해, 은행 등 외부자금을 많이 사용해도 해결할 수 있다는 안이한 판단과 과욕이 문제를 일으켰다.
   - 빌딩 담보의 과다한 차입으로 임차인들의 불안감을 유발했고, 이에 피부과 등 일부 클리닉이 이전해 매각이 어려웠다.

3. **무리한 임차인 선정이 화근이 됐다.**
   - 1층 약국을 과다한 임대보증금과 월세를 책정해 입점시켰으나 병원의 운영이 어려워 예상된 처방전이 나오지 않자 약국과 손해배상 소송까지 해야 했으며, 이는 매각 실패 원인으로 작용했다.

4. **매각가격 산정에 과욕이 있었다.**
   - 부동산 매매 시장의 매입 예정자들의 가격 평가와 차이점이 있었고, 무리한 매각가격을 제시해 많은 매각 기회를 놓쳤다.

치과 의사의 과욕이 가져온 깡통

구분	내용		
명	치과 의사의 과욕이 가져온 깡통		
대지위치	인천시		
대지면적	564~90m² (170.88평)		
지역/지구	준주거지역		
건물구조	철근콘크리트구조		
건물규모	지하 2층~지상 8층		
건축면적	334.34m² (101.14평)	연면적	3,571.41m² (1,080.35평)
건폐율	59.19%	보증금	8억 원
용적률	473.24%	월세	3,770만원
냉난방	개별	관리비	416만 원
승강기	1대	주차	총 20대
공시지가	15억 263만 4,000원	도로	35×12m / 대로변 코너
특징	전철역 도보 3분 거리		
준공일	2012. 11. 09.	매각가격	70억 원

빌딩 개발로 일확천금을 벌어보자

양천구 전철역 부근에서 치과를 운영하고 있던 50세의 Y원장은 주변에서 부동산을 개발해서 돈을 많이 벌었다는 얘기를 듣고, 좋은 위치에 빌딩을 신축하고 임대를 맞춰 매각해 수익을 창출할 계획을 세우고 신축 부지를 물색했다.

치과를 운영하고 있어서 좋은 부지가 나왔다고 하더라도 평일에는 현장 답사가 어려웠고, 토요일 오후나 일요일에 시간을 내어 현장을 보면서 빌딩을 신축했을 경우의 임대 등 여러 가지 면을 분석했다.

2011년 12월 중순경 평소 소개를 많이 해주던 개업 공인중개사에게서 인천시 전철역 인근에 좋은 부지가 매물로 나왔다는 연락과 관련 자료를 받고, 토요일 진료가 끝난 뒤 현장을 방문해 검토했다.

이 부지는 대지면적 564.9m²(170.88평, 준주거지역)였으며, 가격은 3.3m²당 2,000만 원으로 총 34억 원이었다.

수십 건의 신축 부지를 검토했던 Y원장은 이 부지의 장단점을 나름 분석했다.

장단점을 분석하라

Y원장이 분석한 이 부지의 장점으로 첫째는 전철역 출구에서 3분 거리에 있었다. 둘째는 전철 이용객들이 주로 이용하는 길목의 대로변 코너에 있었다. 셋째는 용적률이 높은 준주거지역이었다. 넷째는 단층 건물에 핸드폰숍과 화원, 과일가게 등을 매도자가 명도해주기로 했다. 다

섯째는 총 매입가격이 자본이 부족한 Y원장에게 적합했다.

단점은 시세 대비 가격이 조금 비싸다고 생각되는 점이었다.

Y원장은 장점이 많은 부지라 생각돼 가격만 맞으면 매입해서 빌딩을 신축하고 임대를 맞춰서 매각하려는 계획을 실행하기로 마음먹었다. 그런 후 자기자금을 체크해보니 은행 융자를 이용하더라도 상당 부분이 부족했다.

소개한 개업 공인중개사에게 사정을 설명하고 3.3m²당 약 1,600만 원, 총 27억 4,000만 원이면 매입하겠다고 가격 네고를 요청했고, 이를 매도자가 받아들여 2012년 1월 10일 부지를 매입했다.

사채를 빌려서 부족한 신축 자금을 충당하는 무모함

Y원장은 신축 부지 매입자금과 빌딩 건축자금 등의 부족한 부분을 충당하는 데 있어서 본인의 치과 운영에 따른 이익이 발생하고 있으니 최대한의 은행 대출을 받고, 그래도 부족한 일부 자금은 개인들로부터 융통하더라도 변제할 수 있다고 생각하고 부지를 매입했다.

Y원장은 부지 매입 잔금 지급 때 주거래 은행에 대출을 신청해서 20억 원의 대출을 받았고, 본인 자금은 9억 원만 투입했다.

이후 부지 매입 1개월 만에 다시 빌딩 신축자금으로 주거래 은행에서 25억 원을 추가 대출을 받았고, 이 중 일부를 건설회사에 지급하면서 빠른 건축을 부탁했다.

금융이자가 많이 나가는 탓에 Y원장은 신속한 빌딩 건축을 위해서 거의 매일 진척 사항을 체크했고, 이로써 건축 역시 초스피드로 진행돼

9개월 반 만인 2012년 11월 9일 준공됐다.

준공된 빌딩은 연면적 3,571.41m²(1,080.35평, 지하 2층~지상 8층)였다.

빠른 속도로 입점시켜라

자금이 부족해서 은행 대출에 사채까지 이용해서 건축한 빌딩이라 Y원장은 이자 부담에 시달리고 있어서 임대에 무척이나 신경 썼고, 이에 보답이라도 하듯 준공되기 3개월 전부터 1층은 편의점과 안경점, 핸드폰숍이 미리 입점 의향서를 제출했다. 나머지 층도 미용실, 커피숍, 치과, 한방병원, 피트니스 센터 등이 순차적으로 들어왔다.

전체 임대가 완료됐을 때 보증금 8억 원, 월세 3,770만 원, 관리비 416만 원이었다.

Y원장은 빌딩을 신축해서 임대를 완료했을 때 너무나 흡족했고, 빨리 좋은 가격으로 매각해 또 다른 빌딩을 신축할 계획에 마음이 바빴다.

Y원장은 시장에 내놓을 매각가 산정을 위해 총 투자비를 계산해보니 56억 원(토지 29억 원, 건축 27억 원)이었으며, 여기에 본인 이익금 및 지불이자를 25억 원 정도 가산하고, 매입 예정자들이 네고할 것까지 계산한 결과 매각가격을 85억 원으로 정했다.

현실을 무시한 과욕

그러나 시장은 냉정했다. 매입 예정자들은 부동산 등기부등본을 열람하고 부지 매입가를 알고는 거기에 건축비를 계산해서 역으로 70억 원이면 매입하겠다고 했다. 더욱이 건축을 날림 공사로 해서 얼마 가지 못해 수선을 해야 할 것이라고까지 했다.

그러나 Y원장은 완강하게 80억 원 이하로는 매각하지 않겠다고 버텼다. 이에 매각은 되지 않았고, 빌딩 임대료만 가지고는 은행 이자와 개인 사채이자를 감당하지 못하는 상황이 지속됐다.

급기야 2014년 9월 원금 및 이자를 변제받지 못한 사채업자가 빌딩을 임의경매를 신청했고, 이를 가까스로 해결하자 2015년 1월 또 다른 사채업자가 강제경매를 신청했다.

이런 과정이 지속되자 일부 매입 의향자들은 Y원장의 어려운 사정을 역이용해 60억 원이면 매입하겠다고 제안했으나, Y원장이 계약하려 해도 매입 의향자들이 기피하는 바람에 계약으로는 진행되지 않았다.

경매가 계속 진행되면서 빌딩이 처분될 위기에 처하자 Y원장은 최후의 방편으로 2015년 3월 법원에 회생절차를 신청했고, 치과를 계속 운영하고 있는 Y원장이 변제 능력이 있다고 여긴 채권자들이 동의해줘서 2015년 9월 회생계획인가가 떨어졌다.

이때를 기회로 여긴 Y원장은 일반 매매를 하기 위해 매입 의향자를 부지런히 찾아 나섰고, 3개월 만인 2015년 12월 인천에 있는 법인에 70억 원에 매각했으나 Y원장은 한 푼의 이익도 남기지 못했다.

 **투자 실패 원인**

1. **부동산 개발의 자금 부족 리스크를 헤지하지 못했다.**
   - 금융기관 대출 이외 사채자금을 과다하게 차입했다.

2. **환금성의 중요성을 간과했다.**
   - 빌딩이 위치한 지역에서 쉽게 매매되는 빌딩 가격은 20~30억 원대인데, 이에 비해서 매매가격 단위가 너무 높았다.

3. **과도한 욕심이 매각 기회를 상실시켰다.**
   - 순수 투자한 금액은 9억 원이었으나, 매각이익을 많이 확보하기 위해 매각가격을 과도하게 높임으로써 많은 매각 기회를 상실했다.

4. **준공 빌딩의 건축 상태가 허접했다.**
   - 공사비를 줄이고 빠른 공사를 요구하는 등 날림으로 공사를 함으로써 매입 의향자들이 외면했다.

5. **고가의 빌딩이 들어설 입지가 아니었다.**
   - 매각차익 실현 및 신속한 매각을 위해서는 미래가치 상승이 예견되는 입지 선정이 중요한데 이를 간과했다.

무리한 호텔 투자자의 패가망신

구 분	내 용		
명	무리한 호텔 투자자의 패가망신		
대지위치	서울시		
대지면적	3,288.3m² (994.71평)		
지역/지구	준주거지역 / 제3종 일반주거지역		
건물구조	철근콘크리트구조		
건물규모	지하 3층~지상 10층		
건축면적	1,780.93m² (538.73평)	연면적	17,391.29m² (5,260.86평)
건폐율	59.24%	보증금	27억 원
용적률	396.79%	월세	2억 4,712만 원
냉난방	중앙식	관리비	1억 2,219만 원
승강기	3대	주차	총 169대
공시지가	196억 6,403만 4,000원	도로	38×6m
특 징	삼거리 로터리 / 2호선, 공항선, 경의선 환승역		
준공일	1995. 05.	매각가격	510억 원

욕심이 무리한 투자를 깨닫지 못하게 했다

서울 중심지에서 연면적 9,090.33m²(2,840.57평, 지하 3층~지상 15층)에 객실 134개의 중견 호텔을 2008년부터 운영해 오던 A기업의 P회장은 중국 관광객이 밀려오던 2012년 3월경 운영 중인 호텔이 성업하자, 호텔업의 미래를 낙관하고 더 큰 호텔을 소유 운영하기를 원했다.

P회장은 축적된 자금이 많지 않아서 호텔을 신축하는 것은 시간과 자본 투여가 많이 소요되는 관계로 지양하고, 일반 호텔 투자자들이 많이 선택하는 방법인 위치 좋은 곳에 있는 허름한 빌딩을 매입해 호텔로 리모델링하기를 원했다.

그러던 중 운영 중인 호텔 인근의 개업 공인중개사로부터 위치 좋은 삼거리에 일본계 업체가 사옥으로 사용하던 빌딩이 매물로 나온 것을 소개받게 됐다.

이 빌딩은 처음에는 600억 원 매각가로 부동산 시장에 나왔다가 90억 원이 할인된 510억 원이면 매입이 가능한 것으로 검토를 요청받았다.

P회장은 가지고 있는 투자 금액에 비해 규모가 너무 커서 처음에는 망설였지만, 본인 소유 호텔이 너무 수익이 좋은 관계로 레버리지를 최대한 활용한다면 충분히 가능성이 있다고 보고 검토를 시작했다.

이 빌딩은 대지 3,288.3m²(994.71평, 준주거지역, 제3종 일반주거지역), 연면적 17,391.53m²(5,260.91평, 지하 3층~지상 10층)로 호텔로 전환 가능한 빌딩이었다.

장단점을 분석하라

이 빌딩의 장점으로 첫째는 38×6m의 삼거리 코너에 위치하고 있어 가시성이 상당히 뛰어났다. 둘째는 전철 3개 노선이 지나는 환승역이 가까이에 있었고, 그중에서도 공항철도가 연계돼 관광객의 접근성이 좋았다. 셋째는 강변도로나 내부순환로 진출입이 용이했다. 넷째는 유동인구 밀집지역과 가까웠고, 맞은편 철도역사에 백화점 등이 입점될 예정이라 향후 상권이 활발할 것으로 예상됐다. 다섯째는 호텔로 용도를 변경한다면, 용적률 혜택을 받게 돼서 4개 층 증축이 가능했고, 이로 인해 미래가치가 상당히 높아지리라 예상됐다.

단점으로 첫째는 이 빌딩을 호텔로 용도 변경하려면, 주변까지 포함한 지구단위계획 결정 등에 시간이 많이 소요됐다. 둘째는 현재 보유하고 있는 현금이 적어 금융기관 대출을 많이 써야 해 이자 부담이 상당했다.

그러나 P회장은 운영 중인 A호텔이 너무나 잘 운영되고 있었고, 앞으로도 이런 호텔 경기가 계속 이어질 것으로 예상해서 매입 시 금융기관 대출을 많이 사용해도 이자 납부에 대한 부담은 적을 것으로 판단하고 매입을 결정했다.

P회장은 2012년 4월 18일 계약금 50억 원을 인척에게 빌려 505억에 매입 계약을 체결했다. 잔금일은 2012년 8월 30일이었으며, 잔금 처리 시 저축은행 등 제2금융권에서 440억 원을 대출받았다. 그래도 잔금 중 30억 원을 지급하지 못해서 호텔 허가 완료 후 지급하기로 하고, 매도자에게 본인이 운영 중인 A호텔에 30억 원 근저당권을 설정해 주고 소유권을 이전받았다.

호텔 용도 변경 절차의 어려움과 대출이자 부담 가중으로 인한 파산

P회장은 소유권을 이전받은 후 빌딩의 임차인을 명도시키는 일을 진행하면서, 호텔로 용도 변경하는 절차를 시작했다.

호텔은 기존 빌딩에서 4개 층을 증축해 지상 14층으로 계획했고, 이에 따라 구청과 서울시청에 지구단위계획 결정을 요청했다.

이 당시는 관광객보다 호텔 객실이 많이 부족해서, 서울시에서 호텔 신·증축을 권유하던 시기였다. 이런 사유로 P회장은 인허가가 쉽게 나올 줄 알고 기다렸으나, 서울시에서 주변 지역을 합쳐서 '지구일대 지구단위계획'을 하느라 허가가 늦어져 1년 8개월 만인 2014년 4월 29일에 인허가를 내줬다.

그러는 사이 P회장은 운영하던 호텔 영업이 저조하고 자금이 순환되지 않아, 매입한 신규 호텔 자금을 대출해줬던 저축은행 등 채권자들에게 이자 지급을 하지 못했다. 이로 인해 채권 금융기관 및 채권자들에게 강제경매 및 가압류를 수없이 당했으나 그때마다 호텔 인허가가 나오면 은행에서 PF 자금을 일으켜 해결하겠다고 임시변통하면서 견뎠다.

P회장은 이런 어려움 가운데서도 호텔 전환 인허가만 나오면 모든 것이 장밋빛으로 바뀔 수 있다고 예상하고 심혈을 기울여 호텔 건축을 진행했다. 그런데 이런 과정에서 P회장에게 중동에서 날아온 '메르스 사태'는 본인 소유 A호텔 영업을 중단하다시피 해야 하는 등 모든 자금줄을 막아 최악의 상황에 직면하게 했다.

한번 무너진 둑은 쉽게 고치지 못하듯이 계속된 자금 압박에 P회장은 견디지 못했다. 결국 고문 변호사의 자문으로 2015년 8월 19일 서울중앙지법에서 회생절차개시결정을 받았으나, 채권자들과의 채권 변제 합의가 되지 않아 2015년 11월 3일 회생절차가 폐지됐다.

그 후 경매가 진행됐으나 호텔업에 대한 기대치가 무너진 시장 상황으로 세 차례나 유찰됐고, 네 번째 경매일인 2017년 1월 5일 이 빌딩의 NPL 542억 원을 매입해 경매 참여한 서초구의 M법인이 463억 원에 경락받았다.

이후 P회장의 A호텔도 그 여파를 견디지 못하고 영업이 중단됐고, 법원경매에 들어가 매각됐다.

먹이 찾아 어슬렁거리는 부동산 포식가

P회장의 빌딩은 경매 법원에서 감정한 가격은 611억 원이었으나 세 차례 경매가 유찰되면서 최초 감정가의 51% 수준인 312억 원까지 내려가 부동산 투자를 주업 이상으로 즐기는 부동산 전문가들의 표적이 됐다.

그중에서 서초구에 본사를 두고 있는 M법인의 G사장은 부동산 투자에 매진해 많은 부동산을 소유하고 있는 소위 부동산 전문가이자 유능한 투자가였다. G사장은 투자할 부동산을 검토하다가 경매시장에 나와 있는 이 빌딩을 보고서 어떻게 하면 경쟁자들을 따돌리고 싼 가격에 확실하게 매입할 수 있을까 고민했다.

G사장은 평소 가깝게 지내던 법무법인으로부터 이 빌딩의 NPL을 매입해 경매를 진행한 후 매입하는 것을 조언받고, 타당성을 검토한 후

NPL 매입을 주선해달라고 요청했다.

G사장은 2016년 9월 30일 이 빌딩 NPL 542억 원을 구입 계약하고, 4차 입찰일 12일 전인 2016년 11월 3일 잔금을 지급해 NPL을 취득했다.

4차 경매일인 2016년 11월 15일 G사장은 이 빌딩의 경매 참가자가 많은 것을 인식하고, 3차 경매가인 312억 원보다 151억 원이나 많은 463억 원에 응찰해 경락받았다.

이후 2017년 1월 5일 경락 잔금을 NPL로 상계 처리해 지급하고 소유권을 이전받았으며, 나머지 NPL 79억 원은 빌딩 소유자 P회장의 다른 재산이 노출되면 법적 절차를 거쳐 회수할 예정이다.

P회장의 투자 손실

P회장의 빌딩 매입 총 투자비는 530억 원(매입가격 505억 원+취득세 4.6%+중개수수료, 등기비용)이었으며, 현금 투자액은 88억 2,300만 원(총 투자비 530억 원-금융기관 대출 440억 원)이었다.

P회장은 한순간의 판단 착오로 신규 투자비 외에 서울 중심지 호텔(감정가격 443억 원)도 경매로 매각돼 투자 손실액 전체는 약 200억 원에 이른다.

 **투자 실패 원인**

1. '수분지족(守分知足)'을 못했다.
    - 중국 관광객의 러시 현상에 호텔 영업이 영원히 계속될 거라는 환상으로 무리한 투자를 감행했다.
    - 호텔업은 현금흐름(Cash Flow)이 좋아서 업계 운영자들은 차입금의 이자 무서움을 간과하는 특성이 있는데, 이를 그대로 답습했다.
    - 소유한 현금 대비 10배 이상 투자비가 들어가는 프로젝트를 무모하게 진행시켰다.

2. 부동산 개발 사업의 인허가 기간 리스크를 간과했다.
    - '서울시 권고사항'이라는 용어에 현혹돼 인허가 절차 및 소요기간 사전 체크에 미스가 있었다.

3. P회장은 '운(運)'도 없었다.
    - '메르스 사태'라는 최초의 대형 사고에 직격탄을 맞았다.

4. P회장은 과감한 사전 손절매를 통해서 어려움에 처한 현실을 냉정하게 극복하는 데 실패했다.

싱글테넌트(Single Tenant)의 함정

구분	내용		
명	싱글테넌트(Single Tenant)의 함정		
대지위치	서울시		
대지면적	996.6m² (301.47평)		
지역/지구	제3종 일반주거지역		
건물구조	철근콘크리트구조		
건물규모	지하 1층~지상 7층		
건축면적	445.38m² (134.73평)	연면적	3,259.99m² (986.15평)
건폐율	59.52%	보증금	8억 5,000만 원
용적률	575.89%	월세	8,500만 원
냉난방	개별	관리비	자체 관리
승강기	2대	주차	총 45대
공시지가	80억 7,246만 원	도로	전면 6차선 / 후면 8m
특징	3호선 전철역 도보 5분		
준공일	2007. 11. 16.	매가	180억 원

메디컬 빌딩 싱글테넌트(통임대)의 문제점을 인지하라

　병원용 빌딩을 건축해 병원에 임대하고 임대료를 받다가 매각하는 사업을 하는 65세의 P회장은 송파구 지역에 병원용 빌딩을 임차하려는 의사가 많다는 정보를 듣고 빌딩 신축 부지를 물색했다. 그러던 중 2007년 초경에 5호선 전철역에서 300m 떨어져있고, 전면은 30m 대로변에 접해있으며, 후면은 8m 이면도로인 빌딩 신축 부지 996.6m²(301.47평, 제3종 일반주거지역)를 소개받고 검토를 시작했다.

　검토 결과 이 부지의 장점으로 첫째는 대지 모양이 대로변에 접한 면적이 큰 직사각형이었다. 둘째는 앞면이 대로변이고 후면에 도로가 접해있어 전면이 훼손되지 않고 주차장을 설치하는 데 용이했다. 셋째는 대지 면적이 중급 병원용 빌딩을 건축하는 데 잘 맞았다. 넷째는 매각가격이 저렴했다.

　반면에 단점으로 첫째는 상권이 없어서 병원 이외의 용도로 사용하기에는 부적절했다. 둘째는 전철역이 멀어서 미래가치 상승에 시간이 걸릴 것 같았다. 셋째는 상업지역이 아닌 제3종 일반주거지역이었다.

　매입 여부를 고심하던 P회장은 병원용 빌딩을 짓는 데에 한정하고, 2007년 2월 1일 최초 매각가격 75억 원(3.3m²당 2,500만 원)에서 6억 원을 네고한 69억 원에 매입을 완료했다. 그 후 바로 병원용 빌딩으로 건축을 시작해 약 10개월 만인 동년 11월 16일 연면적 3,259.99m²(986.14평, 지하 1층~지상 7층)의 빌딩을 준공 완료했다.

　빌딩 준공 전부터 임대할 병원을 찾아 나선 P회장은 준공 1개월 만에 전체를 임대할 병원을 찾았다. 이 병원은 3년 임대차 계약을 했으며,

병원 운영이 잘돼서 3년 임대 만료 후 자가 병원을 신축해 이전했다.

이전하는 이 병원은 새로운 S병원을 임차 병원으로 소개했는데, S병원은 5년(2010년 12월 10일~2015년 12월 9일)간 임차하기로 하고 임대보증금은 8억 5,000만 원, 월세는 8,500만 원, 관리비는 자체 부담하기로 했다.

월세도 잘 들어오고 새로운 사업도 마땅한 게 없어 빌딩 매각을 검토하지 않고 있었던 P회장은 2013년 초경에 관심 있는 새로운 사업이 나타나, 여기에 투자하기 위해 이 빌딩의 매각을 결정하고 이에 매각가격을 산정했다.

매각가격 산정과 매각 과정

매각가격 산정 기준은 첫째, 캡레이트로 서울의 약간 한적한 곳이니 6%로 계산했다. 둘째, 토지가격은 3.3㎡당 3,000만 원, 건물가격은 3.3㎡당 250만 원으로 계산해 합산해 나온 가격에 매입자가 네고할 약간의 가격을 더하니 180억 원이 됐다. K사장은 매각가 180억 원으로 부동산 매매 시장에 내놨다.

그러나 매입 의향자들은 부동산 등기부등본을 열람해서 토지 매입가격을 확인하고 매도가격이 너무 높다며 쉽게 매입하지 않았다. 또한 S병원이 통 임차했는데, 만약 S병원에 문제가 발생해 임대차 계약이 해지되거나 월세를 제대로 지급하지 않을 시 은행 대출을 이용해서 매입한 매입자에게 은행 이자 납부 어려움이 있을 수 있다고 문제를 제기하면서 가격 네고를 요청했다.

그러던 중 매입 의향자들의 우려가 현실로 다가왔다.

2014년 10월 27일 S병원에서 진료받던 유명 연예인 S씨가 S병원 원장의 과실로 숨지는 사건이 발생했다. P회장은 향후 임대료 받는 부분, 재임대 및 매각 가능 문제 등으로 고민이 많아져 잠까지 설쳐 건강이 많이 안 좋아졌다.

이즈음 서초동에 거주하는 65세의 K사장은 임대수익용 빌딩을 매입하고자 여러 빌딩을 소개받았고, P회장의 빌딩도 그중에 한 건으로서 매입을 진지하게 검토하는 과정에 있었다.

매입 의향자인 K사장은 이 빌딩의 주변에 있는 대지 2만 5천여 평의 혐오 시설이 아파트로 개발되면 빌딩 가치도 상당 폭 높아진다고 예상하고 미래가치를 좋게 보고 있었는데, 매스컴을 통해서 자신이 매입 검토하고 있는 병원에서 사고가 난 것을 알게 됐다. K사장은 병원에서 사고 난 것을 이유로 매입을 철회하는 대신 매입가격을 많이 네고할 수 있는 기회라 여기고, 140억 원에 매입하겠다고 매입가격을 제시했다.

이에 P회장은 시장에 내놓은 최초 매각가격에서 40억 원이나 할인한 가격에 매각하는 것은 너무 심하다는 생각에 거부했으나, 사고 난 빌딩에서 빨리 벗어나고픈 심정과 계획된 다른 사업 투자를 위해서 잔금을 10일 만에 지급하면 응하겠다고 역제안해서 2014년 11월 28일 매매됐다.

K사장은 매입 시 은행에서 본 빌딩을 담보로 융자 48억 원을 받았다.

급매로 매각한 이유

P회장의 빌딩 통 임차업체인 S병원은 연예인들도 많이 이용하는 병원이었으며, 2010년 12월 10일 임차 이후 한 번도 연체 없이 임차료를 지급하는 등 매우 안정적이었다.

이에 우량 임차업체가 장기 임대차 계약한 빌딩을 소유한 P회장은 좋은 가격에 매각할 수 있는 조건을 갖췄다. 하지만 임차한 S병원에서 수술을 받았던 유명 연예인 S씨가 병원장의 잘못된 수술로 사망해서 모든 언론에 대서특필되고, 이로 인해서 병원장이 형사 입건되는 등 악재가 이어졌다.

언론에 사고 병원으로 보도된 뒤로 병원을 이용하던 연예인은 물론이고 일반 환자들까지 발길을 뚝 끊어 병원 운영은 어려워졌으며, 월세도 정상적으로 들어오지 않는 등 임대차 계약 내용이 정상적으로 이행되지 않았다.

P회장은 임차한 S병원이 이전한다고 하더라도 소문이 많이 나서 새로운 병원을 임차업체로 입점시키기가 어렵다고 생각했다. 그렇다고 상권이 취약하고, 빌딩을 병원용으로 건축한 관계로 타 업종에 임대하기도 쉽지 않았다. 이런 부분을 해소하지 못한 P회장은 결국 가격을 대폭 할인한 140억 원에 매각할 수밖에 없었다.

통 임대 빌딩의 리스크 헤지는 어떻게?

통 임대 빌딩의 리스크를 헤지하기 위해서는 첫째는 상권이 좋은 입지의 통 임대 빌딩을 선택해서 매입해야 한다. 입지가 좋은 빌딩은 임차인을 빠른 시일 내에 쉽게 구할 수 있기 때문이다. 둘째는 1층은 제외하고 통 임대해, 만일의 경우 통임대 부분의 임대료가 들어오지 않을 경우 1층의 임대 수입으로 은행 대출이자 등 급한 자금 지출에 어려움이 없도록 해야 한다. 셋째는 항상 통 임차인이 이전할 것을 염두에 두고, 재 임대 계획을 가지고 있어야 한다.

P회장의 투자 수익

P회장의 빌딩 신축 총 투자비는 108억 원(대지 구입비 69억 원+건축비 35억 원+제세공과금 및 기타비용)이었으며, P회장은 7년 만에 임대료 수입을 제외하고 32억 원의 매각차익(세금공제 전)을 얻었다.

P회장의 투자 수익이 빌딩 보유 기간 및 가치에 비해 적어 실패 사례로 분류했다.

 **투자 실패 원인**

1. **다양한 임차업체가 입점할 수 없는 입지였다.**
   - 상권이 받쳐주지 않는 입지에 메디컬 빌딩을 신축해서 병원에 통 임대했다.

2. **병원이라는 우량임차인의 단점을 경시하고 장점에 너무 몰입했다.**
   - 병원이 높은 금액의 임대료에 장기계약을 하는 것에 중점을 두다가, 의료 사고 시 발생되는 리스크 분석이 부족했다.

3. **매스컴에서 임차 병원 원장의 과실치사 보도에 충격을 받아 서둘러서 매각했다.**
   - 주변의 개발 진행사항에 따라 매각가격을 제대로 받을 수도 있었는데 기다리지 못했다.

4. **매입 의향자가 제시한 가격에 매각하더라도 수익은 있었다.**
   - 대지를 7년 전에 싸게 구입해 직접 건축함으로써 원가가 적게 들었다.

유흥주점 빌딩 투자의 허상

구분	내용		
명	유흥주점 빌딩 투자의 허상		
대지위치	서울시		
대지면적	273.20m² (82.64평)		
지역/지구	일반상업지역		
건물구조	철근콘크리트구조		
건물규모	지하 2층~지상 10층		
건축면적	162.60m² (49.18평)	연면적	1,993.38m² (602.99평)
건폐율	59.52%	보증금	10억 원(5년 리스백)
용적률	575.89%	월세	7,500만 원(5년 리스백)
냉난방	개별	관리비	자체 관리
승강기	2대	주차	총 12대(기계식)
공시지가	29억 7,788만원	도로	4m
특징	대로변 이면 일반상업지역 1층 커피숍 / 유흥주점		
준공일	2008. 11. 18.	매각가격	85억 원

강남 지역의 사옥 및 수익용 빌딩을 찾아라

 2011년 1월 9일 48세의 K사장은 큰 꿈을 품고 강남구에 위치한 빌딩 2층을 임차해 엔터테인먼트 및 소프트웨어 회사를 설립했다.

 그런데 투자하고 여유 자금이 남아 있었던 K사장은 임차 빌딩에서 회사를 운영할 것이 아니라, 자체 빌딩을 구입해서 일부는 사옥으로 쓰고 일부는 임대료를 받아서 회사 운영 자금이 부족할 때 사용하고자 하는 계획 하에 틈틈이 매입할 빌딩을 찾았다.

 K사장은 매입할 빌딩에 대한 정보를 주로 M경제신문에 나오는 빌딩 매각 광고를 보고 얻었으며, 강남 지역 빌딩 전문 부동산 중개법인에 종사하는 빌딩 컨설턴트들이 한번 연락하면 지속적으로 여러 건의 매물을 소개해주기도 했다.

 2011년 5월 이날도 정기 구독하는 M경제신문을 보다가 보증금 10억 원, 월세 7,500만 원으로 캡레이트가 12% 나오는 테헤란로 이면 상업지역의 85억 원 빌딩 매각 광고를 접하고 너무 관심이 가서 전화를 하니 강남 지역의 부동산 중개법인의 B팀장이 받았다.

 B팀장은 광고 빌딩을 자세히 설명해주고 K사장의 사무실로 자료를 가지고 방문하겠다고 했다. K사장은 방문한 B팀장의 자세한 설명을 듣고 처음에는 매각가격이 본인이 찾고 있는 금액보다 커서 망설였으나, 은행 대출을 받고 임대보증금을 공제하면 매입할 수도 있을 것 같았다. 또한 월세도 많이 나오는 빌딩이라 은행 이자를 지급하고도 많은 수익이 발생하는 것에 매혹됐다.

 K사장은 본인이 가지고 있는 자금을 다시 계산하고 거래하는 은행지

점장에게도 대출 가능 금액을 물어보면서, 소개하는 부동산 중개법인의 B팀장을 본인의 사무실로 다시 호출해 좀 더 자세한 내용을 듣고 세밀한 검토를 시작했다.

매입 검토 빌딩의 현황은?

매입 검토 빌딩은 강남구 대로변 이면도로 변에 위치했고 대지가 273.2m²(82.64평, 일반상업지역), 연면적이 1,993.38m²(602.99평, 지하 2층~지상 10층)였으며, 임대는 1층에 커피숍이, 나머지는 유흥주점으로 소유주가 직접 운영하고 있었다. 또한 현 소유주가 매도한 후 임차인으로 5년 장기계약(보증금 10억 원, 월세 7,500만 원, 관리비 자체)하겠다는 세일앤리스백 방식의 거래였다.

부동산 중개법인의 B팀장의 얘기로는 유흥주점은 현 운영자와 외부 투자자의 동업으로 운영되는데 외부 투자자가 다른 데 급히 투자를 해야만 해서 투자 자금을 회수하는 과정에서 급매로 나온 상황이라고 했다.

또한 K사장의 의뢰에 의해서 빌딩을 담보로 탁상 감정 후 대출을 검토한 은행지점장으로부터 매입 시 40억 원 대출이 가능하다고 연락이 왔고, B팀장은 이 40억 대출을 이용해 매입하면 레버리지 적용 캡레이트가 21%가 된다고 매입을 적극 검토하라고 권유했다.

매입 장단점 및 매입가격 검토

K사장은 빌딩 매입에 대해 장단점을 놓고 고민했다.

장점으로 첫째는 강남 지역 일반 빌딩의 평균 캡레이트의 2배 이상이었다. 둘째는 일반인들의 선호도가 높은 강남 지역 대로변 이면에 위치한 일반상업지역의 빌딩이었다. 셋째는 2008년 11월 준공이라 준공 5년 이내의 빌딩이었다.

단점으로 첫째는 유흥주점이 통 임차하는 것이라 임차료가 안 들어왔을 때 은행 대출이자 부담이 심화됐다. 둘째는 임차인이 계약을 위반하고 이전하거나 파산할 때 재임대가 쉽지 않다는 것이었다.

그러나 빌딩 매입을 처음 하는 K사장은 광고를 볼 때부터 월세가 많이 나오는 것에 호감을 가지고 있었고, 이런 장점에 마음이 기울어져 단점이 부담은 됐으나 가볍게 생각하고 매입을 결정하고, 매입가격을 얼마로 할 것인지 검토했다.

K사장이 평가한 매입가격은 78억 원이었는데, 그 근거는 대지가격은 테헤란로 이면 일반상업지역이라 3.3m^2당 8,000만 원에 66억 원으로 평가했고, 건물은 3년이 조금 안 됐지만 3.3m^2당 200만 원 계산해 12억 원으로 계산했다.

2011년 6월 초 K사장은 매도가격이 78억 원이면 매입하겠다는 결정을 매도자에게 통보하고 기다렸다. 이에 78억 원 매각가격은 은행 대출금 변제 및 임대보증금 10억 원 등을 제외하면 자신에게는 별로 남는 것이 없어서 고민하던 매도자는 처음에는 거절했으나, 자금 사정이 너무 어려워 결국 동의했고, 2011년 6월 13일 계약하고 1개월 후인 2011년 7월 12일 잔금이 지급되면서 매매가 완료됐다.

K사장은 매입 시 은행에서 매입 빌딩을 담보로 40억 원의 대출을 받았고, 매도자와 5년 임대차 계약을 했다.

취득세 5배 중과 및 보유세 중과에 대한 사전 불인지(不認知)

그러나 K사장은 유흥주점이라 매입 시 취득세가 5배 중과되며, 보유세도 중과된다는 사실을 사전에 몰라서 잔금 지급 후 소유권 이전 비용 계산 시 상당히 당황했고 소개하는 부동산 중개법인의 B팀장에게 서운한 감정을 표출했다.

통 임대 리스크의 현실화

매도자는 빌딩 매각이 동업자의 투자 자금 회수라고 했지만, 실제 이유를 자세히 들여다보니, 유흥주점을 오랜 기간 운영해서 여러 가지 노하우가 많은 임차인임에도 불구하고, 성매매방지특별법 시행으로 영업이 많이 어려워 은행 대출이자 등도 제때 내지 못해 매각하려던 것이었다.

매도자가 주로 하는 영업 형태는 불법적인 것이 많은 풀살롱(룸살롱과 성매매를 합친 영업) 방식이었고, 이런 영업이 한번 단속되면 영업 정지가 장기간 이어져 자금 압박이 심했다.

임차인은 처음 6개월간은 계약된 월세를 잘 지급하더니 그 후 월세를 연체하기 시작했고 이에 K사장은 금융이자를 제때 납부하지 못하게 됐으며, 더욱이 본인의 사업도 잘되지 않아서 양쪽에서 상당한 어려움에 처했다.

K사장은 임차인이 월세를 계속적으로 내지 못할 수도 있음을 뒤늦게 깨닫고 임대차 계약을 파기하려 했지만 새로운 임차인을 구할 수가 없

었다. 설사 구한다 해도 똑같은 업종이어서 실효성이 없었다.

결국 임대보증금이 월세로 다 소진될 시점에 임대차 계약은 해지됐고, 새로운 임차인을 구하지 못한 K사장은 빌딩이 공실이 되는 것을 바라만 봤다.

이후 본인 사업도 상당한 어려움에 처한 K사장은 빌딩에 대한 세무서의 압류와 채권자들의 가압류에 제대로 대처하지 못했다. 2013년 10월 28일 채권은행이 신청한 임의경매가 개시 결정이 나자, 평소 거래하는 변호사의 권유에 의해 2013년 12월 19일 서울중앙지방법원에 회생절차를 신청해 재산보전처분을 받았다.

그러나 채권자들과의 채권 변제 협의가 원만하게 이뤄지지 않아 2014년 5월 28일 서울중앙지방법원에서 회생절차개시 신청의 기각 결정이 나왔고, 이로 인해 임의경매가 진행돼 2015년 8월 7일 강남에 거주하는 공동 투자자 3인에게 59억 5,200만 원에 경락됐다.

K사장의 투자 손실

K사장의 빌딩 매입 총 투자비는 89억 3,140만 원(매입가격 78억 원+취득세 10억 7,140만 원+중개수수료, 등기비용)이었으며, 현금 투자액은 39억 3,140만 원(총 투자비 89억 3,140만 원−은행 대출 40억 원−임대보증금 10억 원)이었다.

실제로는 전체를 유흥주점으로 사용하고 있었으나 취득세가 5배 중과되는 것을 회피하려고 1층에서 3층까지는 휴게음식점, 일반음식점 등으로 허가를 받았고, 3층 단란주점은 전용면적이 $100m^2$가 안 되게 일부를 사무실로 허가받아서 빠져나갔다. 즉 총 연면적의 42.9%는 유흥주점이 아닌 일반적인 용도로 사용하는 것으로 해 그 부분만큼은 취득세 중과세를 받지 않았다.

  K사장은 한순간의 판단 착오로 현금 투자액 39억 3,140만 원 이상의 손해를 봤고, 채권자에게 변제하지 못한 채권액을 아직도 변제하고 있다.

취득세 중과 1,071,408,000원의 계산은,

1. 매입금액의 42.9%는 정상 취득세(33억 4,620만 원×취득세 4% = 133,848,000원)
2. 매입금액의 57.1%는 중과세(44억 5,380만 원×취득세 4%의 5배 20%=890,760,000원)
3. 농어촌 특별세 0.2%, 교육세 0.4% 합산, (46,800,000원)

총합계 : 1+2+3 (10억 7,140만 8,000원)

 **투자 실패 원인**

1. 빌딩 전체가 특수용도로 설계, 건축돼서 타 용도 사용이 어려웠다.
   - 유흥주점으로 설계되고 건축돼서 사옥 등 다른 용도 목적으로 매각이 어려웠다.

2. 치밀한 분석과 냉철한 판단이 부족했다.
   - 캡레이트가 높은 점에 현혹돼서 임차인에 대한 리스크 분석이 많이 부족했다.
   - 유흥주점업이 성매매방지특별법 제정으로 사양 산업화되고 있다는 것을 간과했다.
   - 세일앤리스백 형태의 매매는 안정성이 뛰어난 임차인이 아닌 경우 캡레이트를 상당 폭 높여서 매입자의 판단을 흐리게 할 수 있는데, 이에 대해 냉정하고 치밀한 분석과 판단이 부족했다.

3. 취득세가 5배 중과돼 일반 빌딩에 비해서 실제 취득가격이 높았다.

4. 상권이 받쳐주지 않는 입지의 빌딩을 선택해서 유사시 환금성이 많이 부족했다.

사치성 재산에 대한 세금 문제

1. 사치성 재산의 중과세

매년 6월 1일을 기준으로 별장, 골프장, 고급선박, 고급주택, 고급오락장 등을 사치성 재산으로 분류해 취득세와 재산세를 중과세한다(지방세법 시행령).

2. 사치성 재산으로 분류되는 고급오락장(유흥주점, 단란주점, 노래연습장, 룸살롱, 나이트클럽)

- 영업장 전용면적이 100m²를 초과하고, 손님이 춤을 출 수 있도록 객석과 구분된 무도장이 설치된 영업장
- 식품위생법상 허가 대상인 유흥주점으로 영업장 전용면적이 100m²를 초과하고, 객실면적이 영업장 면적의 50% 이상이거나, 객실 수가 5개 이상인 영업장
- 상시 고용되지 않는 자를 포함해 유흥접객 종사자를 두는 경우

3. 취득세 및 보유세 중과세

- 취득 시 : 취득세 세율의 5배 중과(20%)(과표 중 해당 건물 부분가액에 한함)
  (상가건물은 취득세가 4%)
- 보유 시 : 재산세 세율의 16배 중과(4%)(과표 중 해당 건물 부분가액에 한함)
  (상가건물은 재산세가 0.25%)

※ 원칙적으로 재산세는 지방세법상의 납부의무자는 건물 소유주이나, 이처럼 중과된 재산세는 임차계약서상 특약으로 정해 임차인에게 세금을 납부하도록 전가시킨다.

냉철함을 요구하는 교환거래

구 분	내 용		
명	냉철함을 요구하는 교환거래		
대지위치	경기도		
대지면적	671.90m² (203.25평)		
지역/지구	중심상업지역		
건물구조	철근콘크리트구조		
건물규모	지하 4층~지상 10층		
건축면적	536.77m² (162.37평)	연면적	7,462.35m² (2,257.35평)
건폐율	79.88%	보증금	10억 7,500만 원(현재)
용적률	757.00%	월 세	6,580만 원(현재)
냉난방	개별	관리비	포함
승강기	2대	주 차	자주식 46대
공시지가	32억 4,528만 961원	도 로	30m / 20m(앞뒤)
특 징	GTX(수도권광역급행철도 수혜지역 : 강남까지 20분		
준공일	2007. 03. 28.	매각가격	100억 원

사랑하는 와이프를 위해 유흥주점을 처리하라

소유한 부동산 자산만 약 1,000억 원이 넘는 K회장은 애처가로 유명했고, 풍수지리에도 관심이 많았다. K회장의 이런 점을 잘 아는 가까운 지인은 서울 모처에 대기업 L그룹 회장이 거주하던 저택이 매물로 나온 것을 알고 K회장에게 이 저택을 구입해서 부인에게 평소 원하던 집안 꾸미기에 활용하시라 권했다. 또한 저택이 안고 있는 형상이 명당이라 풍수지리로 봤을 때 K회장의 사업도 일취월장할 것 같으니 매입을 하시라고 적극 추천했다.

K회장은 신뢰성이 강한 사람으로서 가까운 지인의 말을 잘 믿었고, 또한 믿는 사람이 얘기하는 사안은 신속히 결정을 하곤 했다. 매입을 추천받은 6개월 후 K회장은 L그룹회장이 사용하던 저택을 약간의 가격을 네고해 구입했고, 부인이 원하는 형태로 수리하는 데 약 10억 원을 지출했다.

좋은 기운을 받았다고 생각하는 K회장은 더욱 열정적으로 사업을 진행했고, 소유한 빌딩들의 가치는 나날이 올라갔으며, 임대료는 연체 없이 잘 들어왔다.

그런데 한 가지 걸리는 것이 있었는데, 바로 K회장이 소유한 종로구 빌딩의 유흥주점이었다. 독실한 크리스천인 K회장의 부인은 종로구 빌딩 지하에 임차해있던 유흥주점이 탈법을 자주 일으키고, 이로 인한 주변의 안 좋은 말에 마음에 상처를 자주 입었다. 더욱이 이런 일이 최근 들어 너무 자주 일어난다고 생각한 K회장 부인은 K회장에게 종로구 빌딩을 매각하면 안 되느냐고 푸념했다.

애처가인 K회장은 부인의 의견을 존중해 매각하기로 결정하고 시세 120억 원에 부동산 매매 시장에 내놓았다. 이 빌딩은 입지가 좋고, 지하 유흥주점을 제외한 나머지 임차인들도 양호했다. 그러나 지하에 있는 유흥주점이 조폭과 관련이 있다는 등 문제가 많다는 소문이 돌아서 번번이 매각에 실패했다.

그러던 중 K회장은 평소 알고 지내던 개업 공인중개사로부터 경기도 신도시에 은행 및 클리닉, 미용실, 학원 등 안정적인 임차인이 입점해 있고 신축한 지 오래되지 않은 빌딩이 있는데 교환하지 않겠느냐는 제안을 받았다.

그러나 빌딩도 몇 채 가지고 있고 부동산 투자에 해박한 K회장은 제안을 거절했다. 그 이유는 본인 빌딩은 서울의 상권이 우수한 지역에 있고, 향후 주변 개발로 계속적인 가격 상승을 기대할 수 있어서, 경기도 신도시 빌딩과는 미래가치에서 비교 우위가 확실했기 때문이었다.

그러나 종로구 빌딩 매각이 계속 실패하자, K회장 부인은 남편의 빌딩에서 도덕적으로 지탄받을 일들이 계속 일어나는 데에 심적 고통으로 느껴 K회장에게 경기도 신도시 지역에 있지만 빌딩이 깔끔하고 임차 업종이 좋은 수익용 빌딩이라면 교환하는 것도 좋지 않겠느냐고 자주 얘기했다. 이에 부부는 시간을 내어 경기도 신도시 빌딩을 세밀하게 답사한 후 결론을 내기로 약속했고, 그 후 답사 결과 좋은 느낌을 받았고 장단점 토론 및 세부검토 후에 교환매매를 결정하자고 했다.

입지가 아닌 외관만 좋은 빌딩의 허상

　K회장이 교환할 경기도 신도시 빌딩은 대지가 671.9m²(203.25평, 중심상업지역), 연면적이 7,462.35m²(2,257.35평, 지하 4층~지상 10층)였으며 시범단지 아파트 앞 이면도로변에 위치했다. 임대는 일부 공실이 있었지만 표면상 우려할 정도는 아니었다(보증금 10억 7,500만 원, 월세 6,580만 원, 관리비 포함).

　소유자는 부동산 매매 시장에 내놓은 가격은 140억 원인데 120억 원으로 계산해서 K회장의 종로구 빌딩과 맞교환해 준다고 인심을 쓰는 척했다. 교환 매입 시 은행 등 임차업체들은 기존 조건으로 승계받는 조건이었다.

　금슬 좋은 부부는 경기도 신도시 빌딩의 장단점을 놓고 고민하고 토론했다.

　장점으로 첫째는 외관이 대리석과 유리로 신축해서 가시성이 뛰어났다. 둘째는 1, 2층에 유명 H커피숍과 시중 은행이 임차해있었고, 위층은 어린이 학원들이 입점했는데, 이는 주변 아파트 주민들의 나이가 30~40대인 관계로 어린 자녀에 콘셉트를 맞춰 놓은 좋은 임대 구성이었다. 셋째는 대단지 아파트 중심상업지역에 앞뒤 도로가 있는 빌딩이었다. 넷째는 주차장이 자주식으로 설치돼 주차 관리인을 따로 두지 않아도 됐다. 다섯째는 향후 GTX가 개통되면 강남 삼성역까지 약 20분 이내에 도착한다는 정부의 발표에 따라 미래에 가격이 상승할 것 같았다. 여섯째는 캡레이트가 7% 이상이었다.

　단점으로 첫째는 대로변이 아니라 이면도로에 있었다. 둘째는 주변에 상가빌딩이 너무 많아서 입지가 안 좋은 빌딩들은 공실이 많았다. 셋째는 예상보다 임차인들의 영업이 좋지 않아 보였다. 넷째는 토지를 분양받아서 건축한 빌딩이라 신축 원가가 120억 원보다 많이 낮아 보였다.

K회장은 단점이 우려됐지만, 부인의 요청이라 마지막으로 한 번 더 부인 의견을 듣고 2010년 12월 30일 본인 소유 빌딩과 교환을 완료했다.

입지 리스크의 현실화

그런데 매입 후 6개월 만에 가장 안정적인 임차인이라고 생각하고 재계약이 확실하다던 1층, 2층에 임차해있던 시중 은행이 이전을 하겠다고 통보해왔고, 유명 H커피숍은 소유자의 친인척이 소유자와의 관계를 생각해 고액의 임대료로 인해 손실이 발생하는데도 운영해오고 있었는데, 임대료를 깎아주지 않으면 이전하겠다고 했다. 게다가 미용실, 학원 등은 현금 창출 업종이라 보통 임대료를 잘 연체하지 않는 것이 일반적인데, 이곳 임차인들은 영업이 잘되지 않아서 월세를 연체했고, 더욱이 임대료가 너무 비싸니 내려주지 않으면 다른 곳으로 이전하겠다고 통보를 해왔다.

K회장은 순간적으로 속았다고 생각하고 검찰청에 재직 중인 인척과 상의 후 경기도 신도시 빌딩 소유자를 '위계에 의한 사기'로 형사 고발 조치를 했고, 임차인들과는 임대료를 낮춰주는 협상을 해서 임대료를 할인해주고 다른 곳으로 이전하는 것을 막았다.

그러나 은행은 대로변 빌딩이 아닌 탓에 영업에 지장을 많이 받았고,

본점에서 오래전부터 대로변의 입지 좋은 신축 빌딩으로 이전하는 계획을 잡아서 이전을 막지 못했다.

형사 고발의 결과는 K회장이 교환 전에 이런 사항의 검토를 부실하게 한 것에 주안점을 둬서 경기도 신도시 빌딩 소유자는 무혐의 판결을 받았다.

이후 K회장과 부인은 빌딩에 정이 떨어진다고 빌딩을 찾지 않았고 빨리 매각하려고 부동산 매매 시장에 120억 원에 내놓았으나, 매각이 쉽지 않아서 매도가격은 계속 내려갔다. 결국 2013년 4월 30일 교환 매입 후 2년 4개월 만에 빌딩 임대를 전문적으로 하는 법인에 95억 원에 손절매했다.

이후 사업이 번창할 거라고 생각해서 서울 모처 L그룹 회장 저택을 매입해서 거주하고 있었던 K회장은, 이 저택을 매입가격보다 훨씬 저렴한 가격의 매물로 부동산 매매 시장에 내놨다.

K회장의 투자 손실

K회장의 빌딩 교환 총 투자비는 제세비용 등을 포함해서 126억 5,000만 원(빌딩교환 가격 120억 원+취득세 4.6%+기타비용)이었으며, 이를 95억 원에 매각해 2년 4개월 만에 31억 5,000만 원의 손실을 봤으나 그동안의 임대료 수입을 감안하면 손실 금액이 조금 줄어든다는 데 위안을 삼았다.

투자 실패 원인

1. 부동산 거래에서 반드시 필요한 냉철함을 잃었다.
- 부인이 본인 빌딩을 너무나도 싫어한다는 것에 몰입한 상태에서, 부인과 신년을 새로운 마음가짐으로 맞이하고자 연말(12월 30일)에 교환계약을 급하게 진행하는 바람에, 임차인들에 대한 임대차 기간 분석 및 영업 현황 분석이 제대로 이뤄지지 못했다.

2. 입지의 단점을 파악하지 못했다.
- 경기도 신도시 소재 빌딩은 아파트 가구 수 대비 근생 빌딩 부지를 과다하게 공급해서 신축 빌딩의 공실률이 과도하게 높은 것을 사전에 파악하지 못했다.
- 경기도 신도시 지역의 120억 원이라는 빌딩 매매가격은 너무 커서 쉽게 매각이 안 된다는 것을 사전에 알지 못했다.

3. 가장 임차인의 존재를 파악하지 못했다.
- 매도자가 신축해서 캡레이트를 높이는 작전 중의 하나인, 지인을 중요 임차인으로 구성한 것을 간파하지 못했다.

풍수지리와 빌딩 1

최근 보도에 의하면 미래에셋 그룹의 박현주 회장이 평소 풍수를 중요하게 여긴다고 한다. 이에 연관된 스토리로는 미래에셋이 종로구 수화동 센터원 빌딩을 사옥으로 쓰고 있고, 이 땅에서 나오는 기운을 받아서, 치열한 경쟁 끝에 '2016년 말 KDB대우증권 인수에 성공'한 것이라는 얘기가 나온다.

이 센터원 자리는 과거 조선 시대 동전을 만들던 주전소가 있었고, 지금의 시장인 '시전'이 발달한 자리라고 한다.

풍수지리상으로는 '여의도=증권, 금융의 메카'라는 공식도 맞지 않는다고 한다. 여의도가 물 위에 뜬 모래섬이고 바람이 세기 때문에 돈이 차곡차곡 쌓여야 하는 금융기업이 자리 잡기에는 적절하지 않다는 것이다.

이 때문인지 대신증권이 30년 만에 2016년 사옥을 명동으로 옮겼고, 메리츠 자산운용 등도 북촌 한옥 마을로 옮기는 등 여의도를 탈출해 도심으로 이사하는 금융사들이 줄을 잇고 있다고 한다.

영동백화점은 1983년 문을 열었다가 영업 부진에 10년 만에 폐업했고, 이듬해 이 자리에 개장한 나산 백화점도 4년 뒤 건물 지하 기둥에서 발견한 심각한 균열로 폐쇄 조치되면서 '강남의 흉물'로 전락해 풍수를 다루는 사람들의 단골 메뉴 사례가 됐다.

그러다가 2008년 새로운 소유주가 지상 23층 업무용 빌딩을 지었고, 이 빌딩은 글로벌 기업들이 입주한 프라임 빌딩이 됐다. 이 빌딩을 지을 때 건물주는 풍수 전문가의 조언을 얻어 이 자리에 위지령비와 부족한 음양의 조화를 꾀한다는 의미로 사자 석상을 세웠다. 또한 산봉우리 터라 물이 부족한 단점을 없애기 위해 벽면 폭포와 작은 연못도 만들었다.

– 2016년 7월 2일 〈매일경제신문〉 기사 참조 –

풍수지리와 빌딩 2

'서쪽은 해가 지는 방향이어서 사업 성장에 맞지 않다.'
'서향(西向) 사옥을 쓰면 흉한 일이 생긴다.'
'서울역 맞은편 서향 사옥은 절대로 안 된다.'

이런 부동산 속설이 회자되고 있다. 이런 속설이 생겨난 것은 주로 서울역 맞은편 쪽 서향 빌딩을 사옥으로 쓰던 대기업들이 잇달아 쓰러지면서 생겨난 말이다.

이런 그룹들을 살펴보면,

1. 대우빌딩(현 서울스퀘어, 서향)에 입주한 대우그룹은 1999년 외환위기를 맞아 해체됐다.
2. STX남산타워(서울역 맞은편, 서향)를 사옥으로 사용하는 STX그룹은 분할해 일부는 매각됐고, 나머지는 매각 중이다.
3. 벽산건설(현 게이트웨이타워, 창립 40주년을 기념해 건축한 사옥, 서향)은 2010년 워크아웃 후 2015년 4월 파산했다.
4. 갈월동 갑을빌딩(서향)을 사옥으로 사용하던 갑을방직은 1990년대 말 폐업했다.
5. 남영동의 서향 사옥을 쓰던 해태그룹도 주인이 바뀌었다.
6. 서울역 맞은편 '아스테리움 서울'(서향)을 건축한 동부건설은 이런 속설을 비껴가기 위해서 풍수지리학상 서쪽 호랑이의 기운을 막는다는 코끼리상을 건물 주변에 설치했지만, 어려움에 처해져 법정관리 후 새로운 주인을 만났다.
7. CJ빌딩(서울역 맞은편, 남서향)을 사옥으로 쓰는 CJ그룹도 총수가 구속되었었고, 박근혜 정부의 핍박을 받는 등 여러 구설에 휘말렸다.

* 국내 한 대기업은 1970년대 서울역 맞은편에 사옥을 건설하려 했으나 절대로 안 된다는 풍수지리가들의 조언을 받아들여 사옥 건설을 다른 곳으로 정했다는 얘기도 전설처럼 들려온다.

– 2016년 10월 21일 〈한국경제신문〉 기사 참조 –

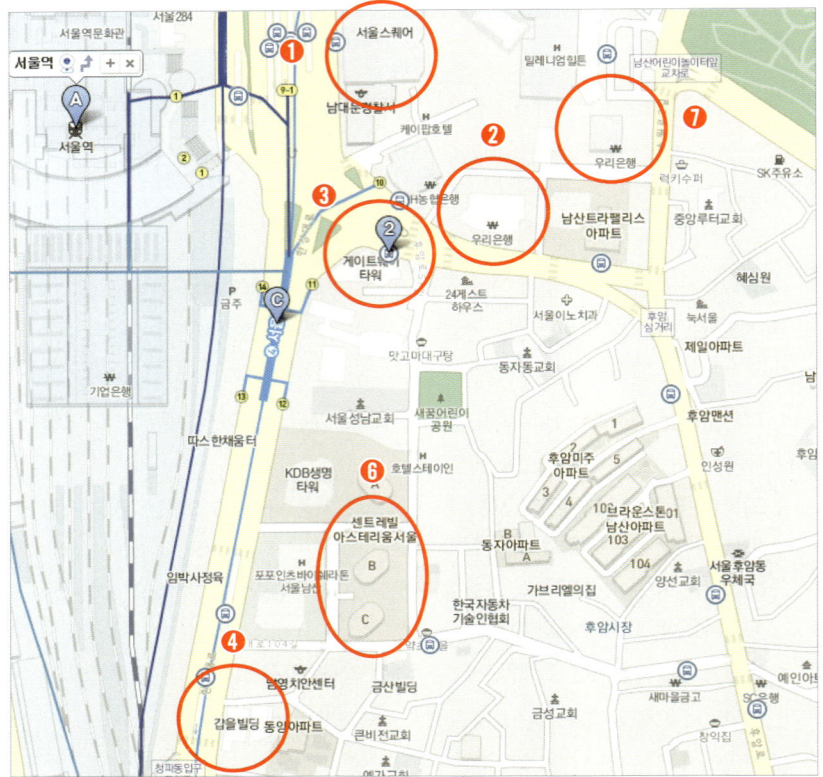

풍수지리와 빌딩

우유부단(優柔不斷)이 가져온 교환거래 실패

구 분	내 용		
명	우유부단(優柔不斷)이 가져온 교환거래 실패		
대지위치	서울시		
대지면적	622.70m² (188.37평)		
지역/지구	일반상업지역 / 제3종 일반주거지역		
건물구조	일반철골구조		
건물규모	지상 5층(5층 층고 5.5m)		
건축면적	308.70m² (93.38평)	연면적	1,256.48m² (380.08평) 실사용 면적(500평)
건폐율	59.06%	보증금	4억 원
용적률	240.38%	월세	4,400만 원
냉난방	개별	관리비	420만 원
승강기	2대	주 차	12대
공시지가	64억 8,148만 원	도 로	30m 대로변 / 후면 4m
특 징	전철역 접		
준공일	2000. 04. 25. (2013년 6월 리모델링)	매각가격	140억 원

Section 03 빌딩 투자 실패 사례 **291**

강남 최고 J마담과 L사장의 인연

충청도에서 고교 졸업 후 청운의 꿈을 품고 서울에 온 L사장은 성격이 온순하고 성실해 어느 곳에서나 종업원으로 인기가 좋았다. 여러 직종을 거치면서 어느 정도 세상 물정을 파악한 L사장은 30대 후반에 돈을 많이 벌 수 있다는 얘기를 듣고 강남의 유흥주점 직원으로 취직했다.

술도, 담배도 하지 않고 붙임성이 좋아 영업력도 뛰어났던 L사장은 유흥주점 직원이 천직처럼 느껴졌다. L사장의 일거수일투족을 눈여겨보던 같은 업소의 능력 있는 마담 J씨는 L사장에게 호감을 갖게 됐다.

두 사람은 한 유흥주점에 오랜 기간 근무하면서 서로에 대한 신뢰가 깊어졌고, 급기야 단순히 직원으로 있을 게 아니라 자신들이 업소를 하나 창업해서 많은 돈을 벌기로 약속하고 유흥주점을 개업했다.

이 둘은 서로의 역할을 분담해 열심히 일했고, 특히 J마담은 업계에서 월 매출을 1억 원 이상 올리는 최고의 영업 우먼으로 소문이 나 있었다. 유흥주점 운영은 너무나 잘됐고, 많은 동업 제의까지 들어왔다. 이에 대해 L사장은 인척들과 사회에서 만난 친구들 위주로 투자를 받아 별도 법인을 설립하고, 이 법인 명의로 업소를 5개나 운영했다.

유흥주점이 너무 잘돼 자금이 쌓이자 L사장은 빌딩을 구입해서 빌딩 전체에 유흥주점을 운영하는 구상을 하게 됐다. 그리고 이를 실행하기 위해 2005년 2월 4일 법인 명의로 강남 지역에 대지 622.7m²(188.37평), 연면적 735.76m²(222.57평)의 3층짜리 빌딩을 구입한 후, 이를 연면적 1,256.48m²(380.08평)의 2개 층을 증축해 전체를 유흥주점으로 만들었다.

J마담의 특출한 능력과 L사장의 친화력으로 유흥업소 사업은 나날이 성장해 2008년 초에는 매입 빌딩 옆 빌딩도 매입하기 위해 계약을 하고 계약금 7억 원을 지급했다.

L사장에 대한 J마담의 한풀이

그러나 '호사다마(好事多魔)'라고 해야 하는지 만난 지 6년 만에 이 둘 사이에 금이 가버렸다.

2009년 8월 L사장이 새롭게 온 새끼 마담과 가깝게 지내자 날카로운 J마담은 공동 사업을 끝내자고 통보하면서 자신이 투자한 모든 자금을 돌려달라고 했다. L사장은 J마담의 마음을 돌리려 노력했지만 강단이 있는 J마담은 차갑게 대하며 거절했다.

결국 헤어질 수밖에 없다고 생각한 L사장은 J마담에게 돌려줄 자금 마련을 위해서 동분서주했고, 그러는 과정에서 매입 계약한 옆 빌딩 잔금을 기일에 지불할 수 없어서 계약금 7억 원을 매도자에게 몰취당하기까지 했다.

이런 어려운 과정에서 L사장은 자신의 계산법으로 J마담 지분에 해당하는 자금을 마련해서 J마담에게 지불했지만, J마담은 본인의 계산에 의하면 너무나 부족하다고 항의했다. 그러나 L사장은 J마담의 항의를 묵살하고 더 이상의 지불을 거절했다.

이에 J마담은 L사장의 5개 업소를 '성매매방지및피해자보호등에관한법률'에 근거해 불법적인 영업과 시설로 구청에 수없이 진정했고, 그 결과 L사장이 친척과 친구들에게서 투자받아 운영하던 강남 지역의

3개 업소는 영업 정지를 당해 문을 닫아야 했다.

또한 자가 빌딩 업소도 강남 최고의 마담인 J씨가 나간 뒤 매출이 계속 떨어져 직원 급여뿐만 아니라 금융기관 대출이자를 내기도 어려워져 전체를 싼 임대료로 '유흥업계의 황제' 또는 유흥업계의 '스티브 잡스'라는 B사장에게 임대해줬다. 그러나 이 B사장도 '성매매 방지 및 피해자 보호 등에 관한 법률' 및 검찰, 경찰 공무원에게 뇌물을 공여한 죄로 구속되자 영업이 정지됐다.

이에 L사장은 빌딩의 빠른 매각만이 대안이라고 생각해, 강남 지역의 부동산 중개법인 등에 급매물로 매매해 줄 것을 부탁했다.

생존을 위한 몸부림 뒤 구세주인가, 허상인가?

L사장은 통 임차인인 '유흥업계의 황제'라는 B사장이 구속되자, 빌딩을 매각하기 위해 부동산 매매 시장에 내놓았지만 매매가 쉽지 않자 다시 임차인을 구하려 했다. 하지만 시설이 열악하고, 불법영업이 아니면 월세 맞추기가 어려워 임차인을 구할 수 없었고, 이러는 사이 금융기관 대출이자 및 사채이자 등을 처리하느라 다시 사채를 얻는 등 악순환을 되풀이했다.

그러던 중 2011년 12월 L사장은 개인 사채자금을 얻으면서 빌딩에 담보가등기를 해줬는데 이를 제때 갚지 못해 담보가등기 권리자가 빌딩을 임의경매 신청했다.

위기감을 느낀 L사장은 강남 지역의 부동산 중개법인들을 다니면서 매각을 독려하던 중, D부동산 중개법인에서 충남 지역의 관광호텔과 교환계약을 하겠느냐는 제안을 받았다. L사장은 위기를 탈출하기 위해서는 지푸라기라도 잡는 심정으로 무조건 교환계약을 해야겠다고 생각하고, 호텔을 방문해 주변 조사를 하고 교환계약의 장단점을 검토해 봤다.

장점으로 첫째는 충남 지역 호텔 소유자가 L사장 빌딩과 호텔의 가치 평가에서 호텔의 부족한 가치 만큼에 대해 현금을 지급하기로 해 이 현금으로 L사장은 급한 이자를 지급할 수 있었다. 둘째는 호텔을 취득했을 때 호텔업은 잘 모르지만 유흥주점을 오랫동안 운영해봐서 호텔과 부속 웨딩홀은 임대하고, 비어있는 지하층에 콜라텍을 하면 잘할 수 있을 것 같았다. 셋째는 시외버스터미널과 가까운 곳에 위치한 호텔이어서 임대가 수월할 것 같았다. 넷째는 이를 소개한 부동산 중개법인에서 책임지고 빠른 시일 내에 임차인을 소개해준다는 것이었다.

단점으로 첫째는 대로변이 아닌 이면도로에 있는 호텔이라 가시성이 떨어져 웨딩홀 사업이 쉽지 않아 보여 부동산 중개법인 얘기와 달리 임차인 구하기가 어려워 보였다. 둘째는 주변에 비슷한 호텔이 많아서 호텔 영업 및 다른 근생시설 영업이 어려워 보였다. 셋째는 주차 엘리베이터 등 호텔 수리비가 들어가야 영업을 할 수 있었다. 넷째는 경매로 지상 주차장이 매각돼 이 주차장을 임차하든지 아니면 추가 대지를 구입해서 주차장으로 신고해야 영업 허가가 나올 수 있었다. 다섯째는 은행 대출이 45억 원이었으나 다른 부동산과 공동담보가 돼있어 이 호텔 담보만 가지고는 대출을 승계받을 수 없었다.

L사장은 단점이 너무 많아 우려가 많이 됐지만 마땅한 다른 선택의 여지도 없어 2012년 5월 30일 교환계약을 체결했다.

복잡하게 꼬이는 현상

교환계약 후 계약했다는 사실이 공개되자 사채를 빌려준 채권자들은 채권 회수를 위해 빌딩에 가압류를 시작했다. 이에 호텔 소유자 Y회장은 놀라서 계약 해지를 검토했으나, 해지하더라도 이미 지급한 계약금 5억 원을 회수 할 방법이 없다고 판단하고 진행사항을 예의 주시했다.

그러나 계속된 채권자들의 법적인 채권 회수 절차에 그대로 놔두면 빌딩은 임의경매로 처리돼 버릴 테고 계약금 5억 원도 찾을 수 없다고 판단한 Y회장은 적극적으로 대응하기로 했다.

Y회장은 교환계약 전인 2011년 12월 등기된 담보가등기권자의 채권을 변제하고 이를 본인 명의로 이전했다. 추가로 2012년 7월 소유권이전청구권가등기를 했으며, 2012년 8월 9일 50억 원의 근저당권을 설정하기까지 했다.

또한 이 빌딩을 매각해 본인이 투자한 자금을 회수하기 위해, 12억 원을 투자해 유흥주점을 하면서 꾸며 놓은 동굴 속 같은 인테리어를 뜯어내고 외관까지 바꾸어 새로운 빌딩으로 만들었다.

이렇게 되자 매입에 대한 여러 제안과 임차 제안이 들어왔다. 하지만 본인 자금이 많이 투여된 Y회장은 빌딩의 실질적인 주도권을 가지고 있어서 통 임대를 해야 관리가 편하고 많은 임차료를 받을 수 있다는 판단에 단층별 임대는 놓지 않았다. 매입 제안도 들어왔으나 가격이 맞지 않아 성사되지 않았다.

이러는 사이 대출받은 저축은행의 고율의 이자는 쌓여 갔고, 체결한 교환계약도 L사장의 이행 불능으로 계약 조건이 이행되지 않아, 이에 대한 부담은 모두 빌딩 명의자인 L사장에게 돌아갔다.

두 사람의 책임 떠넘기기

결과적으로 교환계약은 해지됐고, 빌딩에 인테리어 비용 등 고액을 투자한 Y회장은 빌딩에 투자한 본인 자금을 회수하기 위해 금융기관 이자 및 각종 공과금 등을 납부하면서 매각을 주도적으로 진행했다.

Y회장은 2013년 7월 용인의 물류센터와 빌딩을 교환하는 교환계약을 성사시켰지만, 빌딩의 임대가 쉽게 되지 않는다는 이유로 해지됐다. 그 외 여러 건의 매매 계약이 진행됐지만 마지막에 L사장과 Y회장의 의견 차이 및 빌딩의 권리상 하자 문제로 성사되지 못했다.

이에 Y회장은 L사장과의 협의에 의해 매매예약 가등기에 기한 본등기를 하려 했으나, 서로 매매가격에 대한 합의가 되지 않아서 무산됐다가, 2013년 12월 30일 Y회장이 빌딩에 관계된 모든 채무를 떠안고, 빌딩 인수대금으로 현금 12억 원을 L사장에게 지급하는 것으로 최종 합의했다.

이후 2014년 3월 24일 소유권이전청구권가등기를 본등기 하는 절차로 Y회장은 빌딩의 소유권을 확보했다. 약 5개월 후 Y회장은 133억 원에 정형외과 병원을 개업하려는 의사에게 이 빌딩을 매각했다.

L사장의 투자 손실

L사장의 빌딩 매매가격은 135억 원이었고, 금융기관 대출 및 사채를 제외하고 남는 차액은 55억 원이었으나, Y회장과의 책임 공방에 매각 시기를 놓치고 시간이 지체됨으로써 금융이자와 기타경비로 43억 원의 손실을 보고 12억 원을 받았다.

- 매각가격 135억 원 − 금융기관 대출 70억 원 − 사채 10억 원 = 55억 원(L사장의 최초 매각차액)
- 55억 원 − 저축은행 및 사채이자 등 43억 원 = 12억 원

 **투자 실패 원인**

1. 인간 경영에 실패했다.
   - 유흥업소 영업의 가장 중요한 요소인 인적 자원, 즉 월 매출 1억 원 이상을 올리는 영업의 달인인 J마담을 잃었다.

2. 법률의 시행으로 영업력이 현저히 떨어지는 것을 간과했다.
   - 2004년 9월 23일 시행된 '성매매방지및피해자보호등에관한법률'에 효과적으로 대처하지 못했다.

3. 온순한 성격에 빌딩 매각에 대한 냉철한 결단을 못 내리고 끌려 다녔다.
   - Y회장의 독단적인 권리 행사를 막지 못해, 적절히 시기에 임대 및 매각을 하지 못했다.
   - Y회장이 높은 임대료의 통임대를 주장함으로써 장기간 공실이 발생해 금융기관 이자 등도 내지 못했는데, 이러한 지체 비용 등을 전부 부담했다.

4. 소유 법인의 대표이사로서 어려울 때 경영상 치밀한 대응을 하지 못했다.
   - 법인의 채무를 확정하는 사항이 기재된 문서를 사기꾼들의 말을 믿고 세밀한 검토 없이 발행해, 빌딩의 권리 관계에 하자를 일으켜 매각에 어려움이 많았다.

소유권이전청구권가등기와 담보가등기

1. 가등기란?

물권의 설정이나 소유권의 이전, 변경, 소멸의 청구권을 보전하기 위해 하는 등기를 말한다(부동산등기법 제88조). 본등기를 할 수 있을 만한 실체법적 또는 절차법적 요건을 완비하지 못한 경우, 장래 그 요건이 완비된 때에 행해질 본등기를 위해 미리 그 순위를 보전해 두는 효력을 가지는 등기다.

2. 소유권이전청구권가등기와 담보가등기

- 소유권이전청구권가등기

  부동산 매매 거래에서 매매 계약 시점과 잔금 지급 시점이 길거나, 부동산 매매가액이 크거나, 채무가 많은 채무자 부동산을 매입할 때 소유권이전 등기의 순위를 보전하기 위한 경우나, 실제 매매 잔금을 전부 지불했으나 사정상 본등기를 할 수 없는 경우, 아니면 의도적으로 늦추는 경우에 하는 등기다.

- 담보가등기

  채무 변제의 담보를 위한 등기를 말하며, 순위 보전의 효력뿐만 아니라 실체적 효력이 인정돼 저당권보다 강력하다고 할 수 있다. 성격은 저당권과 유사하고, 외형은 소유권 이전 청구권 가등기와 동일하다. 부동산 등기부상 기재만으로는 소유권이전청구권가등기와 담보가등기를 구별할 수 없다. 1970년에서 1980년대에 대부업자들이 이런 담보가등기의 특성을 악용해 채무 변제 기일에 연락을 끊어 채무자의 채권 변제를 방해하고, 변제 기일에 채권을 변제하지 못함을 이유로 채무자의 부동산을 뺏어버리는 경우가 많이 생겨, 제5공화국에서 '가등기담보등에관한법률'을 제정했다.

- Y회장의 사례(事例)

  Y회장은 상기 교환거래 계약 시 L사장의 채무가 과도해 계약금 지급 후 2012년 7월 11일 소유권이전청구권가등기를 해놓았다. 약 1년 후인 2013년 7월 22일 세무서는 L사장 회사가 법인세 및 부가가치세를 16억 원 포탈했다고 본건 부동산에 압류를 했다. 그러나 Y회장은 미리 해놓은 소유권이전청구권가등기를 본등기를 해 세무서의 압류를 해제시키고 무난히 소유권을 취득했다.

  만일 Y회장의 가등기가 담보가등기였다면 본등기를 할 수 없으며, 본인의 채권액만을 법적 절차에 의해 회수할 수 있었다. 또한 부동산 등기부상 소유권이전청구권가등기와 담보가등기가 구분되지 않는 것을 이용해 Y회장이 본등기를 했다면, 이 본등기는 '가등기담보등에관한법률' 제3조, 제4조에 의해서 무효이므로, 세무서는 본등기 무효를 주장할 수 있고, 이에 따른 손해가 있다면 손해배상까지 요구할 수 있다.

환금성을 간과한 아마추어 투자자

구분	내용		
명	환금성을 간과한 아마추어 투자자		
대지위치	서울시 서초구		
대지면적	355.50m² (107.53평)		
지역/지구	일반상업지역		
건물구조	철근콘크리트구조		
건물규모	지하 2층~지상 7층		
건축면적	166.21m² (50.27평)	연면적	1,271.27m² (384.56평)
건폐율	46.96%	보증금	4억 2,500만 원
용적률	201.8%	월세	2,626만 6,800원
냉난방	개별	관리비	포함
승강기	1대	주차	총 8대
공시지가	64억 3,455만 원	도로	8차선 대로변 / 후면 2차선
특징	전철역 도보 2분 거리 / 현 시세 3.3m² 당 1억 원		
준공일	1989. 10. 31.	매각가격	60억 원

지적도

입지 좋은 강남 지역 대로변 빌딩에 투자하라

2009년 12월 49년의 역사를 자랑하는 M석유회사의 Y회장은 갑작스럽게 불어난 회사의 잉여자금을 주식과 부동산 은행예금 중 한 군데에 투자하기로 하고, 어디에 투자하는 것이 바람직한지 검토하기 시작했다. 이에 주변 지인들과 부하 직원들은 그래도 안정적인 부동산에 투자하는 것이 좋을 듯하다고 권유했고, 부동산 중에서도 꽃에 해당하는 빌딩에 투자하는 것이 최상이라고 했다.

본사가 부산에 있는 관계로 서울 지역에서 투자가 이뤄진다면 Y회장이 직접 빌딩을 보고 검토하는 데에 어려움이 있었지만, 그래도 부산보다 서울의 빌딩에 투자하는 게 바람직하다고 생각했다.

Y회장은 빌딩에 대한 지식이 별로 없어서, 어느 위치의 어떤 빌딩에 투자할지 평소 인사를 잘하고 친절한 자택 인근 개업 공인중개사에게

자문받은 결과, 서울 강남 지역의 빌딩이 환금성도 뛰어나고 장래성도 좋다고 추천했다.

Y회장은 2010년 1월 초 양재동에 있는 서울지사에 연락해 100억 원 이하의 강남 지역 빌딩 중 투자성이 뛰어난 빌딩을 매입할 예정이니 빌딩 전문 개업 공인중개사무소를 다니면서 찾아보라고 했다.

서울 지사 직원들은 신년 초부터 강남 지역의 빌딩 전문 부동산 중개법인에서 빌딩 매물을 소개받아 Y회장에게 수시로 보고했다. 보고가 올라온 30건의 빌딩 매물들을 신중하게 검토하던 Y회장은 그중에서 서초구 대로변에 위치한 80억 원짜리 수익용 빌딩을 마음에 두고 매입하기 위해 좀 더 자세히 검토한 후 보고하라고 지시했다.

매입할 빌딩의 장단점을 체크하라

이 빌딩은 대지가 355.5m²(107.53평, 노선상업지역), 연면적이 1,271.27m²(384.56평, 지하 2층~지상 7층)였으며 양면 도로변에 위치했고 임대는 잘돼있어서 공실이 없었다(보증금 4억 2,500만 원, 월세 2,000만 원, 관리비 620만 원).

이 빌딩의 장점으로 첫째는 테헤란로와 연결된 서초대로변 빌딩이었다. 둘째는 지적도상 지하 1층이 실제로는 테헤란로와 연결된 서초대로변 1층이고, 후면 도로와 접한 부분이 지적도상 1층이나 서초대로변에서 봤을 땐 2층이어서 일반적으로 1층이라고 여기는 부분이 두 군데여서 임대료를 많이 받을 수 있었다. 셋째는 향후 주변 개발 수요가 활발해 계속적인 가격 상승을 기대할 수 있는 곳이었다.

단점으로 첫째는 상권이 아직 활성화되지 못해서 프랜차이즈 같은 지명도가 있는 업체가 입점하기 어려웠다. 둘째는 최초에 아주 가까운 친구 3인이 필지가 붙어있는 토지를 각자 구입해서 빌딩을 공동으로 붙여서 건축했고, 빌딩 사이에 엘리베이터를 두 대 설치해서 빌딩을 3등분해 임대료를 각자 받을 수 있게 했다. 그리고 지하 2층 주차장과 기계실을 공동으로 사용하도록 건축해, 공유지분으로 돼있는 특이한 빌딩이었다.

Y회장은 단점이 마음에 걸렸지만 평소 성격이 급하면서 긍정적인 사고를 선호하는 생활 준칙을 가진 데다, 서초 대로변 노선상업지역 빌딩이라 미래가치도 좋을 것 같고, 공실도 없이 임대료도 잘 나오고 있어서 장점에 주안점을 두고 매입을 결정했다.

Y회장은 소개받은 후 1개월 만인 2010년 1월 29일 매도자가 제시한 가격에서 1억 5,000만 원을 네고한 78억 5,000만 원에 매입했다. 매입 시 매도자와 임대사업 포괄 양도 양수 계약을 체결하고 임차업체들은 기존 조건으로 승계받았다.

환금성이 쉽지 않은 빌딩의 리스크

Y회장은 매입 후 2년 동안 공실 없이 임차인들로부터 임대료를 잘 받아왔고, 주변 대지가격도 3.3m²당 1억 원이라는 등 좋은 소식을 많이 들었다.

그러나 회사가 2012년 초 국제 사기 사건에 휘말려 재정이 어려워진 관계로 매각할 수밖에 없었고, 빠른 매각을 위해 매각차익은 고려하지 않고 매입가격에 취득세를 합한 가격인 80억 원에 시장에 내놓았으나 쉽게 매각되지 않았다.

매각이 쉽지 않은 이유는 빌딩이 다른 2동의 건물과 붙어있고, 지하 2층 주차장과 기계실이 공유지분으로 돼있어 나중에 단독으로 신축할 수 없는 등의 제약이 매입 의향자들로부터 외면 받았다. 게다가 빨리 매각하려 하니 또 다른 하자가 있는지 의심까지 했다.

Y회장은 빠른 시일 내에 쉽게 매각할 수 있는 방법은 가격을 대폭 내려 손절매하는 방법밖에 없다고 양재동 서울지사장의 보고를 받고, 고민 끝에 매도가격을 65억 원으로 대폭 내렸다. 그 결과, 매입 후 2년 2개월 만인 2012년 4월 2일 수익용 빌딩을 매입하려 1년을 찾아다녔다는 38세의 K씨 부부에게 64억 원에 매각했다(융자를 50억 원 받고, 현금 14억 원을 투입해서 구입).

이를 매입한 K씨 부부는 약 1년 6개월 만인 2013년 10월 31일 21억 6,000만 원이나 높은 85억 6,000만 원에 J씨 부자에게 다시 매도했다.

Y회장의 투자 손실

Y회장의 빌딩 총 투자비는 제세비용 등을 포함해서 82억 6,000만 원(매입가격 78억 5,000만 원+취득세 4.6%+기타비용)이었으며, 이를 64억 원에 매각해 2년 2개월 만에 18억 6,000만 원의 손실을 봤다.

단, 임대료 수입이 5억 2,000만 원이 들어왔으나 세금을 공제한다면 그다지 도움이 되지 않았으며, 매각 1년 6개월 후 85억 6,000만 원에 다시 매각된 사실을 안 Y회장은 다시는 빌딩 투자를 하지 않겠다고 후회를 했다.

 **투자 실패 원인**

1. **환금성이 떨어지는 빌딩을 선택했다.**
    - 3인이 빌딩을 붙여서 공동으로 건축한 빌딩으로 월세 등은 구분해서 받을 수 있었지만, 지하 2층이 공유지분으로 돼있어 향후 개별 신축 등이 어려워 환금성이 많이 부족했다.

2. **매입 후 우량임차인을 유치하려는 노력이 없었다.**
    - 빌딩을 매입 후 리모델링하고, 우량임차인들을 유치해서 캡레이트를 높이는 등 빌딩 가치 상승의 결과를 이루지 못했다.

3. **빌딩 입지에 현혹돼 세부 검토가 미흡했다.**
    - 전철 역세권이고, 대로변에 위치한 것에 너무 호감이 가서 단점 체크를 제대로 하지 못했다.

4. **매각을 너무 서둘렀다.**
    - 환금성이 떨어지는 빌딩은 시간을 갖고 천천히 매각해야 하는데, 사정상 급히 매각해야 한다는 점이 손실을 낳았다.

이해관계 임차인 분석 실패의 대가

구 분	내 용		
명	이해관계 임차인 분석 실패의 대가		
대지위치	서울시 영등포구 / 서울시 동작구		
대지면적	517㎡ (156.39평)		
지역/지구	제2종, 3종 일반주거지역		
건물구조	철근콘크리트구조		
건물규모	지하 2층~지상 4층		
건축면적	308.87㎡ (93.43평)	연면적	1,643.19㎡ (497.06평)
건폐율	59.74%	보증금	4억 7,000만 원
용적률	187.75%	월 세	2,610만 원
냉난방	개별	관리비	포함
승강기	1대	주 차	총 10대
공시지가	13억 1,835만 원	도 로	8×4m
특 징	전철역 출구		
준공일	2007. 09. 20.	매각가격	50억 원

애처가, 고수익 빌딩 선택하다

애처가로 유명한 73세의 K회장은 자수성가하면서 부인을 많이 고생시켰다. 그는 고생한 부인이 나이가 들면서 등도 구부러지고, 갖가지 노인 질환을 앓고 있는 것이 너무나 안쓰러웠다. 이에 K회장은 2009년 6월경 부인이 70세에 들어서는 2010년에는 빌딩을 매입해 월세를 받으면서 편안하게 지내려고 가지고 있던 재산을 정리해 자금을 마련했다. 월세가 2,000만 원만 나오면 부부 생활비로 쓰고, 특별한 일이 있을 때 자식들 생활을 보조해주는 등 지내는 데 문제가 없을 것 같아 이런 수준의 수익용 빌딩을 찾아다녔다.

2009년 10월 K회장의 이런 사정을 잘 알고 그동안 여러 건의 빌딩을 소개해주던 K회장 집 근처 개업 공인중개사는 영등포구 전철역에 위치한 수익용 빌딩을 소개했다.

이 빌딩은 매매가가 60억 원으로 K회장이 찾는 금액 한도는 넘었지만 임대보증금이 15억 3,000만 원이나 들어있어 K회장이 선택하는 금액 대에 있었다.

더욱이 월세가 2,430만 원이라 캡레이트도 6.5%나 돼 아주 매력적인 빌딩으로 보였고, K회장은 매입하기 위해 장단점을 검토했다.

장단점을 분석하라

매입할 빌딩은 대지가 517m²(156.39평, 제2종, 제3종 일반주거지역), 연면적이 1,643.19m²(497.06평, 지하 2층~지상 4층)였으며 공실은 없었다(보증금 15억 3,000만 원, 월세 2,430만 원, 관리비 360만 원).

이 빌딩의 장점으로 첫째는 캡레이트가 서울 지역 빌딩의 평균인 5~5.5%에서 1~1.5% 상회하는 6.5%라는 것이었고 가격을 네고 한다면 더욱 올라갈 수 있었다. 둘째는 전철역이 바로 앞에 있는 초역세권 빌딩이었다. 셋째는 2007년 9월 20일 준공해 신축 후 2년 조금 지난 빌딩이었다. 넷째는 공실이 없는 만실 빌딩이었다.

단점으로 첫째는 빌딩이 반듯하게 올라간 것이 아니라 옆으로 퍼진 형상으로 지상 4층까지만 건축했다. 둘째는 3층 임차인인 사단법인이 10억 원 전세로 2007년부터 5년간 임차했는데 임대 만료 후 재계약을 하지 않을 시 임대보증금을 반환해야 하는 어려움이 있었다. 셋째는 배후지에 아파트 세대수가 500세대도 되지 않았고, 부지가 섬 같아서 주거시설이나 상업시설이 들어설 곳이 없어 미래가치를 기대할 것이 없었다. 넷째는 우량임차인이 없었고 들어올 위치도 아니었다.

이런 단점이 K회장이 매입 결정하는 것을 고민하게 했고, 이 같은 사항을 소개한 개업 공인중개사에게 얘기하자 개업 공인중개사는 단점을 매도자에게 언급하면서 가격을 56억 원으로 네고 해서 매입을 종용했다.

K회장은 매매가가 56억 원이면 캡레이트가 7.16%로 올라가니 기쁜 마음으로 2010년 1월 7일 부부 공동명의로 매입했다.

우려했던 단점이 환금성을 제어하다

전 재산을 투자해 빌딩을 매입한 K회장 부부는 빌딩에서 나오는 월세로 여유로운 생활을 이어 갔다. 그런데 매입한 지 2년 만인 2012년

3월경 부인이 갑자기 건강이 안 좋아져서 빌딩을 매각하고 편안한 실버타운으로 옮기고자 개업 공인중개사들에게 빌딩 매각을 의뢰했다.

　K회장은 빨리 팔기 위해 매각차익은 생각지 않고, 매입 시 들어간 총금액이 59억 원이었기에 매각 부동산 중개수수료를 감안해 60억으로 매각가격을 제시했다.

　매각가 60억 원으로 계산해도 캡레이트가 6.5%에 달해 쉽게 매각될 줄 알았던 K회장은 매입 의향자들이 본인이 생각한 대로 움직이지 않자 당황했다.

　매입 의향자들은 이 빌딩의 단점을 파고들어서 많은 가격 인하를 요구했고 K회장은 급한 마음에 약 2년 전에 본인이 매입한 가격인 56억 원까지 가격을 내렸다.

　그러던 중 3층에 임차한 사단법인이 2012년 12월 30일부로 임대차계약이 만료되면 추가 계약은 하지 않는다고 하자, K회장은 10억 원의 임대보증금을 반환하고 재임대를 놓으면 캡레이트가 많이 내려가 매각이 더욱 쉽지 않아 보여서 불안해하고 있었다. 그런데 그때 매각가격을 52억 원으로 낮추면 매입하겠다고 하는 매입 의향자가 있다고 평소 알고 있었던 개업 공인중개사가 요청해, 52억 원으로 가격을 더 낮췄으나 매매는 되지 않았다.

　2012년 12월 30일 3층을 임차한 사단법인은 임대 만료가 됐고, 임대보증금 10억 원을 반환해야 하는 K회장은 가진 자금이 없어 빌딩을 담보로 은행 대출 10억 원을 받아서 지급했다.

　이런 과정에서 K회장의 빌딩은 서울 시내 개업 공인중개사들의 유명 매각 빌딩 목록의 한 부분을 차지하게 됐으나 매각이 쉽지 않았다.

2015년 6월 23일 K회장의 빌딩은 매각을 시작한 지 3년 4개월 만에 서초동에 거주하는 45세 부부에게 최초 매각가격에서 13억 5,000만 원 할인된 46억 5,000만 원에 매각됐다.

K회장의 투자 손실

K회장은 빌딩 매입 총투자비로 제세비용 등을 포함해서 59억 원(매입가격 56억 원+취득세 4.6%+기타비용)을 투자했다. 이를 46억 5,000만 원에 매각해 5년 6개월 만에 12억 5,000만 원의 손실을 봤으나 그동안의 임대료 수입을 감안해 손실 금액이 조금 줄어든다는 데 위안을 삼았다.

 **투자 실패 원인**

1. 매입 검토 시 단점으로 분류했던 것을 간과했다.
   - 이해관계가 있어 보이는 3층 임차업체와 재계약이 이뤄지지 않았다.
   - 주변에 주거시설 및 근생시설로 개발될 부지가 없어, 유동인구가 늘어날 수 없는 등 미래가치가 불투명했다.
   - 우량임차인을 유치하기 힘든 지역 및 위치에 있었다.

2. 캡레이트에 현혹돼서 입지에 대한 검토가 부족했다.

3. 매각을 너무 서둘렀다.
   - K회장은 전문가가 아니어서 유능한 부동산 전문가의 조언이 필요했는데, 이런 인적 네트워크가 부족했다(가격을 조금 네고해주면 매매가 성사된다는 중개업자의 말을 믿고 계속해서 가격을 낮춰줬다).
   - '급할수록 돌아가라'는 옛말을 실천하지 못하고 매각을 너무 서둘렀다.

4. 금융기관 대출을 이용하는 것을 꺼려해 임대보증금을 반환해야 했을 때 심적 압박을 느껴 급한 마음에 매각가격이 더 내려갔다.

독불장군형 경영자의 소탐대실(小貪大失)

구분	내용		
명	독불장군형 경영자의 소탐대실(小貪大失)		
대지위치	서울시		
대지면적	749.10㎡ (226.60평)		
지역/지구	제3종 일반주거지역		
건물구조	철근콘크리트구조		
건물규모	지하 1층~지상 3층(가설계 : 지하 2층~지상 7층)		
가설계 연면적	2,921.20㎡ (883.66평)	연면적	999.31㎡ (302.29평)
건폐율	%	보증금	
용적률	%	월세	
냉난방	개별	관리비	
승강기	무	주차	총 4대
공시지가	60억 1,903만 2,000원	도로	35m 대로변 / 후면 6m
특징/융자	전철역 출구접 예정 / 융자 70억 원 가능		
준공일	1983. 8. 31.	매각가격	100억 원(평당 4,413만 원)

보물 1호의 매각을 결정하다

J회장은 28세 때 안과용으로 사용하는 약품을 수입해 국내에 판매하는 J약품 무역상사를 세워 국내 시장을 평정하면서 많은 재산을 축척했다.

이로 인해 회사를 세운 지 약 30년 만인 1997년 4월 서울에 회사 사옥을 마련했고, 1년 후인 1998년에는 사업을 확장하기 위해 국내 제약회사 및 생산 공장을 인수하면서 여러 종류의 약품을 생산 판매했다.

이렇게 사업이 일취월장하자 J회장은 2002년에는 정부기관에서 주는 상도 많이 받았고, 2003년에는 동종 협회 회장에 선임이 되기도 했다.

그러나 2008년 세계 금융 위기가 덮치고 제약회사의 경쟁이 치열해지자 점차 경영이 어려워지기 시작했다. 2012년에 들어서는 매출이 급격히 떨어지고, 도매상 위주의 영업을 하는 J회장은 도매상들로부터 수금이 어려워져서 은행 대출이자도 연체하고, 각종 세금 및 공과금도 납부하기가 어려워졌다.

J회장은 강한 추진력은 있었지만, 독불장군형 성격으로 간혹 저돌적이면서 비합리적인 면이 있었고, 반면에 J회장 부인은 국내 최고 명문 대학인 S대 출신의 지적인 여성이었다.

J회장 부인은 회사의 어려운 사실을 눈치 채고, J회장에게 아끼는 사옥을 팔아서라도 사업을 정상적으로 운영해야 한다고 조언했다. 이에 J회장은 사옥 앞에 전철역이 생기고 전철역 출구가 바로 본인 사옥 앞이어서 오래 소유하고 있으면 상당한 시세차익을 얻을 것이라고, 무엇과도 바꿀 수 없는 보물 1호로 생각했지만 어려운 회사 사정을 감안해 매각을 결정했다.

현실을 무시해 좋은 매각 기회를 놓치다

J회장의 사옥은 대지가 749.1m²(226.6평, 제3종 일반주거지역), 연면적이 999.31m²(302.29평, 지하 1층~지상 3층)였다.

이 빌딩의 장점으로 첫째는 빌딩 바로 앞에 전철역 출구가 생기는 것이었고, 둘째는 35m 대로변, 후면 6m 도로에 접해있다는 것, 셋째는 인근에 국내 최고의 대형타워가 준공된다는 것이었다.

단점으로 첫째는 엘리베이터가 없는 지하 1층~지상 3층의 허름한 빌딩이었고, 둘째는 대지 모양이 T자형으로 신축 시 옆의 필지를 구입해야 하는 어려움이 있었다.

2012년 2월 J회장은 매각가격 산정 시 장점만을 강조하며 시세보다 30억 이상 높은 가격인 150억 원에 부동산 매매 시장에 내놓았다.

매입 의향자들은 너무 비싼 가격에 외면했고, 이에 J회장은 자신이 제시한 150억 원에서 10억 원을 낮춰서 다시 시장에 제시했다.

그러는 과정에서 여러 매입 의향자 중 한 명이 장점 중에 향후 개통될 전철역 출구에 접한 입지를 너무 좋게 검토하고서 사옥 신축을 목적으로 135억 원이라는 좋은 가격에 매입 의사를 제시했다. 그러나 시세 파악에 어두웠던 J회장은 회사의 어려운 사정에도 불구하고, 140억 원이 아니면 매각하지 않는다고 버티었다.

J회장의 이 같은 제시에 매입 의향자는 시세보다 15억 원 이상을 더 준다는 데도 매각하지 않는 것을 이해할 수 없어 즉시 매입 의사를 철회했다.

한차례 좋은 매입가격 제시가 J회장의 판단 미스로 취소된 후 여러 차례 제시된 매입가격은 더욱 낮아서 J회장에게 만족을 가져다주지 못했다.

소탐대실

J회장의 사옥은 매입할 의향자들은 있었지만 매입 요청 가격은 110억 원이었고, 135억 원에도 매각하지 않은 J회장은 당연히 이 가격에 응하지 않았다.

2013년 들어서 J회장의 회사는 자산보다 부채가 많아졌고, 현금 흐름이 제대로 작동하지 못해 부도가 나고 말았다. 결국 2013년 9월 대출은행은 이 빌딩을 임의경매 신청했다.

임의경매 개시 결정 사실이 부동산 등기부등본에 게시되자 이 빌딩 매입에 관심을 가지고 예의 주시하던 매입 의향자들은 J회장이 매우 어려운 상황에 처했다고 판단하고 매입 의향 가격을 대폭 낮춰 100억 원을 제시했다.

상황의 심각성을 깨달은 J회장은 본인이 생각한 가격보다 많이 낮아도 팔아야겠다고 결정하고, 매입 의향자 중 외식업체 본사로 사용하려는 K기업과 100억 원에 매매 계약했다. 그러나 채권자들의 채권 확보 경쟁에 따른 가압류로 파기되고 말았다.

이제 임의경매 진행으로 한 푼도 건질 수 없게 됐다고 상심한 J회장은 지푸라기라도 잡는 심정으로 가끔 거래하는 법무법인 변호사로부터 개인회생절차 신청을 해보라는 권유를 받고 이에 마지막 희망을 걸기로 했다.

절망에서 희망의 빛을 보다

어려운 가운데 2014년 7월 법원으로부터 개인회생절차개시결정을 받아냈고, 이 결정으로 임의경매는 중지돼 모든 채권자와 채권 변제 협의를 하게 됐다.

개인회생절차결정을 위해서는 채권자들과 채권 협의가 합의돼야 하는데, 그동안 채권 연체이자가 많이 불어나 있었고, 사업도 제대로 진행되지 않아서 앞으로 어느 시기까지 채권을 전부 변제할 수 있다는 것만으로는 채권자들을 설득하기도 어려워 합의가 험난해 보였다. J회장이 판단했을 때 채권자들과 변제 금액 합의를 하는 유일한 길은 소유 자산인 빌딩을 신속히 매매 계약해서 채권 변제 시기를 확정하는 것이었다.

이런 결정에 따라 J회장은 2014년 9월 빌딩 소재지와 가까운 곳에 거주하던 Y회장과 94억 원에 매매 계약을 체결했다. 그러나 이 금액이 채권 변제 및 양도세 납부에 부족하다고 판단한 채권자들이 채권 변제에 합의하지 않아서 매매계약은 파기됐고, 2014년 12월 30일 개인회생절차도 폐지됐다. 그러나 이런 어려움 속에서 구세주가 나타났으니, J회장은 운이 좋다고 해야 하는지 참 아리송한 인생이다.

J회장은 개인회생절차가 폐지되기 하루 전인 2014년 12월 29일 사옥을 건축하려고 전철역 출구 쪽 부지를 찾고 있던 W상사 L회장을 만나서 99억 원에 매매 계약했고, 2015년 1월 15일 잔금을 받아서 채권을 전부 변제했다.

보물 1호 빌딩을 매각해서 채권 금액을 변제하고 나니 J회장의 수중에는 2억 원이 남았다.

이후에도 J회장 회사는 계속 운영이 어려워 2015년 2월 법정 관리가 개시됐고, 2015년 11월 10일 동종 다른 기업에서 인수했다.

 **투자 실패 원인**

1. **시세판단 미스 및 과욕으로 좋은 매각 기회를 놓쳤다.**
   - 부동산 매각 후 '매도자는 조금 싸게 매각해서 아쉽다. 매수자는 조금 비싸게 매입해서 아쉽다'라는 생각이 들면 잘 팔고, 잘 샀다는 격언을 매도자는 간과했다.

2. **독불장군형 성격의 소탐대실(小貪大失).**
   - 경영의 어려운 현실을 타개 할 적절한 타이밍을 놓쳤고, 주변의 조언도 참고하지 못했다.

3. **냉철한 검토로 시장이 수용할 매각가격을 산정하지 못했다.**
   - 객관적인 매각가격 산정을 하지 않아서 유리한 가격에 매각하지 못했고, 결과적으로 36억 원 이상의 손실을 봤다.

4. **개통될 전철 출구에 위치한 것이 오히려 화근이었다.**
   - J회장은 전철이 개통되면 입지가 좋아진다는 사실에 스스로 매각가격을 높게 평가하는 오류를 범했다.

EPILOGUE

　매일경제 PEF 포럼의 요청을 계기로 부동산 강의를 하게 됐다. 필자는 은행원을 거쳐 부동산 업계에 오랜 시간 종사한 관계로 부동산 전문가로서 초청을 받은 것이다.

　부동산의 범위는 매우 넓고, 강의 시간은 제약돼있어 효율적인 강의를 위한 주제를 놓고 고심 끝에 누구나 관심이 많은 도심의 빌딩을 선택하면 많은 이의 호감을 받을 것으로 생각했다.

　강의 주제인 '빌딩'에 관해서 첫째는 많은 매각차익을 얻은 빌딩, 둘째는 일반인들이 잘 모르는 특수 목적 빌딩, 셋째는 빌딩 투자 실패 사례 등을 대상으로 정하고 매매된 사례를 수집했다. 총 1,000건이 넘는 매매 사례 중 1차로 30건을 선별했고, 2차로 8건을 추가 선정해 총 38건이 결정됐다.

매일경제 PEF 포럼의 강의는 주어진 시간이 적어 전체를 자세히 설명하지 못해 당황스러웠지만, 성황리에 끝났다.

6개월 후 은행을 정년퇴직하고 수익용 빌딩을 매입해 임대료로 제2의 인생을 즐기려는 오랜 친구가 필자의 사무실을 찾아 왔다.

그 친구는 필자에게 빌딩을 매입하기 위해 여러 부동산을 다니고 검토했지만 마음에 드는 빌딩은 없고, 빌딩을 매입할 때 검토해야 할 여러 가지 사항을 기재해 놓은 마음에 드는 책도 없다고 하소연했다.

기존에 나와 있는 빌딩 관련 서적은 너무 평이하고, 저자가 자기 자신을 선전하기 위한 도구로써 사용하는 인상을 받았다는 것이다.

이에 필자는 '그럼 네가 원하는 목적에 맞는 책을 한번 써 볼까'라고 했더니 친구는 쌍수를 들어 환영했다.

'빌딩' 책에 관한 집필은 매일경제 PEF 포럼에서 강의한 38건의 빌딩 매매 사례를 기본 자료로 이뤄졌다. 내용 전개는 대부분 사실에 기초했으며, 빌딩을 매입하게 된 경위, 빌딩의 장단점 분석, 빌딩 가치 상승을 위한 과정, 빌딩 매각 후 얻게 된 수익, 마지막으로 빌딩 투자를 성공하게 된 요인을 상세히 분석 기술했다.

실패 사례도 이와 같은 과정으로 기술했으며, 마지막에 빌딩 투자 실패 요인을 자세히 분석 기술함으로써 빌딩 투자자들이 이를 교훈 삼아 빌딩 투자 실패의 우를 범하지 않는 표본이 됐으면 하는 바람을 담았다.

또한 매매 사례를 기술하는 사이사이에 부동산 관련 어려운 용어 및 법률 내용을 자세히 기술해 내용을 이해하는 데 도움이 되게 했다. 특히 '풍수지리와 빌딩' 부분에서 '서향 사옥'을 소유한 기업들이 특히 어려움에 처해 망한다는 신문기사 내용은 상당히 흥미로워 책 내용에 삽

입시켰다.

'삼팔광땡'의 의미를 해석하면서

38건의 빌딩 매매 사례를 선정하고 기술하면서 필자는 '화투'를 소재로 지인에게 그림을 그리게 하고, 이 그림을 마치 자신이 그린 것처럼 소개해 고가로 매각해서 사회적 지탄을 받고 형사재판까지 받고 있는 J 가수가 한 말이 생각났다.

'옛날에 어른들이 화투 가지고 장난치지 마라'고 한 말을 실천하지 않아서 이런 일이 발생했다는 그의 말에 실소를 금치 못하면서도, 우연하게도 책 집필을 위해서 선정한 빌딩 매매 사례가 38건이었다. 책 제목 또한 '대박 친 빌딩 투자의 비밀'이니 '화투'의 광 3자와 광 8자가 떠올랐고, 이를 조합하면 '화투' 놀이의 최고의 수 '삼팔광땡'이 돼, 이는 곳 '대박'과 연결된다는 생각은 아이러니하지만, 이 책을 읽는 독자들은 모두 대박이 터지기를 기원해본다.

'대박 치는 10가지 투자 교훈'을 제시한다면

빌딩 매매 사례 중 독자들에게 강하게 어필할 수 있는 38건을 검토 분석한 결과, 일반 투자자들이 어떤 점에 중점을 두고 투자하면 대박을 칠 수 있는지 나름대로 선정해봤다.

첫 번째는 두말할 필요 없이 입지가 좋은 빌딩에 투자해야 한다. 입지가 좋은 빌딩을 선택한 투자자가 투자 실패할 확률은 10%가 안 되는 것으로 통계 수치가 나온다. 입지 좋은 빌딩에 투자하고도 실패한 투자자는 자기 자신 어딘가에 반드시 문제가 있다고 보여, 투자하면 안 되는 사람으로 생각된다.

두 번째는 매입해서 리모델링을 할 수 있는 빌딩(Value-Added)에 투자해야 한다. 이때 리모델링에 들어갈 투자금액은 매입가의 10%가 넘지 않아야 투자 수익이 극대화된다. 신축에 준하는 리모델링 비용이 들어간다면 나중에 매각하더라도 매각차익의 많은 부분이 리모델링 비용으로 빠져나가 투자 수익이 많지 않다.

세 번째는 프랜차이즈 업체 등 앵커테넌트(Anchor Tenant)로 현재의 임차업체를 변환시킬 수 있는 빌딩에 투자해야 한다. 빌딩이 기본적으로 갖는 내재가치가 우수해야 가치를 상승시킬 수 있어 투자 수익을 극대화할 수 있다.

네 번째는 NPL을 매입해 빌딩을 취득할 수 있는 방법을 모색해야 한다. 본문에서 NPL을 매입해 빌딩을 취득함으로써 투자 이익이 어마어마하게 발생한 두 가지 사례를 검토해봤고, 실패 사례 중 빌딩을 호텔로 전환하다가 실패해 경매로 매각된 건을 NPL을 매입해 아주 싸게 취득한 사례도 검토했다.

다섯 번째는 개발되는 신도시의 주차장용지를 분양받는 것이다. 지금은 고수익을 창출하는 것으로 많이 알려져 경쟁률이 높지만 분양만 받는다면 알토란 같은 수익을 안겨줄 것이다.

여섯 번째는 '새 기찻길을 보면 부동산이 보인다'라는 말처럼 계획에 따라 앞으로 개통될 신설 전철역 부근 입지 좋은 곳을 선점하는 것이다. 투자 성공의 절대 요소 중에는 '역세권'과 '선점'이 있다는 것을 잊

지 말아야 한다.

일곱 번째는 K전력공사에 분양할 수 있는 빌딩을 신축하는 것이다. 정보를 선점해 K전력공사와 협의한다면 대박을 안겨줄 것이다.

여덟 번째는 금융기관 홈페이지 공매 공고란을 항상 탐색하라는 것이다. 본문의 매매 사례에서도 한 건을 소개했지만 본인의 취향과 용도에 맞는 빌딩을 아주 저렴한 가격에 취득할 수 있는 보물 창고가 될 수 있다.

아홉 번째는 가까운 지인과 공동 투자를 고려하는 것이다. 한국인은 보통 공동 투자를 하면 망한다고 꺼리는 측면이 있지만, 공동 투자의 장점은 공동 투자자 각자가 서로 검토를 하므로 1인 투자보다 리스크를 헤지할 수 있고, 자금 활용 면에서 다양성을 가질 수 있는 등 장점이 너무나 많다. 빌딩의 임대수익은 안정성이 있고 일정하게 정해져 있어서 분배 과정에서 의견 충돌이 일어나는 일도 드물다.

열 번째는 양식 있는 부동산(빌딩) 전문가와 항상 소통하는 것이다. 주변에 부동산 투자로 대박을 쳤다고 얘기하는 사람 중 거의 대부분은 부동산을 타인으로부터 소개받아 검토 후 투자했다고 한다. 이 책에 기술된 대부분의 빌딩 매매 사례도 부동산 전문가의 소개 과정을 거치지 않은 것은 없다. 부동산 정보가 곧 돈이다. 부동산 전문가 몇 명은 항상 주변에 두고 가끔 식사도 하면서 소통하라.

빌딩에 투자할 투자자라면 이상 10가지 내용을 숙지하고 염두에 둔다면 반드시 대박이 따라온다고 필자는 확신한다.

대박 친 빌딩 투자의 비밀

초판 1쇄 2019년 2월 27일

지은이 이웅렬
펴낸이 전호림
기획제작 ㈜두드림미디어
마케팅 박종욱, 김선미, 김혜원

펴낸곳 매경출판㈜
등 록 2003년 4월 24일(No. 2-3759)
주 소 (04557) 서울특별시 중구 충무로 2(필동 1가) 매일경제 별관 2층 매경출판㈜
홈페이지 www.mkbook.co.kr
전 화 02)333-3577(내용 문의 및 상담) 02)200-2636(마케팅)
팩 스 02)2000-2609 **이메일** dodreamedia@naver.com
인쇄·제본 ㈜M-print 031)8071-0961
ISBN 979-11-5542-969-3 03320

책값은 뒤표지에 있습니다.
파본은 구입하신 서점에서 교환해드립니다.

이 도서의 국립중앙도서관 출판예정도서목록(CIP)은 서지정보유통지원시스템 홈페이지
(http://seoji.nl.go.kr)와 국가자료공동목록시스템(http://www.nl.go.kr/kolisnet)에서
이용하실 수 있습니다.
(CIP제어번호 : CIP2019005687)

부동산 도서 목록

  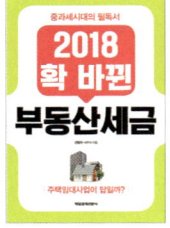 

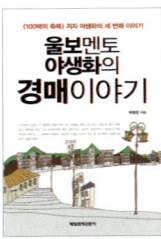   

 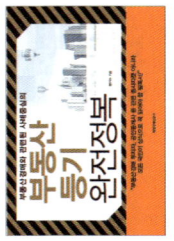

두드림미디어
경매·경영, 재테크, 자기계발, 실용서 전문 출판 임프린트

가치 있는 콘텐츠와 사람
꿈꾸던 미래와 현재를 잇는 통로

Tel : 02-333-3577
E-mail : dodreamedia@naver.com